太极武道
文化丛书

九宫太极手

陆锦川
著——

霍用灵
殷晨峰
徐建华
整理—

社会科学文献出版社
SOCIAL SCIENCES ACADEMIC PRESS (CHINA)

大道千古秘，从来传有缘　仿佛 书
（朱文引首章 本来，名章白文 仿佛，
朱文 陆流锦川）

法步有之前 仿佛
（名章 仿佛 陆流锦川）

道行无之后
（朱文印：阴阳古道）

出版说明

太极武道之绝学《九宫太极手》得以成书面世，历 20 余年。初为陆锦川先生 1999 年于柳州讲授太极武道九宫太极手之录音，经徐建华、殷晨峰等诸位太极学者整理成文，后经霍用灵、胡开祥等编校成书，复呈陆锦川先生审阅增润，全书方堪完备。此次出版前，根据出版要求，编委会委托霍用灵对全书再次进行编辑精改，并特邀国际著名影星、太极武道学者陈虎先生拍摄无极桩和三才桩演示短视频及照片，以便读者参照修习。

本书出版得到陆用氚女士和尹梦柯先生的大力支持，编委会特此致谢！

本书出版还得到了诸多同道和贤达之士的襄助，编委会向他们深表谢意！

陆锦川先生简介

　　陆锦川　号仿佛，庚辰（1940）年正月生于成都一个翰墨、道修及武学世家，其父玄一为古道家太极门传人，故先生幼承庭训，经文习武，内承国学，外习新知，少年之时即参悟入道，透破有碍。稍长复外出游学，参访明德，历练世行，终而博通内外，学贯古今，得继道家太极门法脉，一汇三宗五秘，融通道佛两家，为践行复兴中国传统文化之使命，打下了坚实深厚的基础。

　　先生少年时随父师玄一大师开始习武，先后修习、得承家传形意门及太极门武道之九宫太极手，后又奉父师之命拜海上武林隐者殷老师修习、承传天门武功绝学。先生青少年时即已参访、拜师二十余位武林隐逸高师，得以融会诸家，贯通内外，一合刚柔两道，透入武道圣域。

　　先生夙业岐黄，青年时开始行医，将道门古传气医与针灸结合，独创太极气道金针理法，先后在成都和北京等地开办国医研究所和疑难病门诊，起沉疴无数，享誉杏林。

　　道家太极门为秘传千年之华夏绝学，太极门理法，祖易经之哲理，宗黄老之道理，法佛学之悟理，撷百家之义理，经历代精英积淀锤炼，最终凝聚为理行并举、道哲一如之太极大道。其修为宗老子自然无为返本理道，法太极两仪数理哲道，成十开九始、一归零阖之三功九秘理法体系。太极大道之哲理精义，经历代祖师心血荟萃，至先生而形成三界九哲、一道九理之完备道哲体系。太极大道之学既是太极门历代祖师的心血结晶，也是华夏民族文化的智慧瑰宝。

20世纪80年代中期，陆锦川先生开始公开系统讲授太极大道之学。

1995年，经过国家原文化部和民政部批准，在北京成立中华炎黄文化研究会太极文化专业委员会，陆锦川先生担任首届会长。2000年，先生于《太极经》中明确宣示弃门立学，改易道家太极门为中华太极学，展道家太极学为人类智慧学。先生有谓："人类一切学问，约之可归为两大学涵，一是自我生命之学，一是自他生存之学。太极学乃一括人类两大学涵之学，其生命之学称太极道行，其生存之学称太极文化。"故先生所立所传之太极学，既是中华传统文化之大成与精粹，更以深邃完备之道行理行体系，开显出中华文化创造性转化之新境界。从此，太极大道绝学公之于世，道家太极门以中华太极学之新面貌显耀于中华文明和人类文明之智慧高地，中华太极学进入新的历史发展阶段。

为弘扬中华传统文化，向世界传播太极学，先生废寝忘食，著书立说，先后出版太极学著述数十部，如：《太极经》、《仿佛谈道录》（大陆版四册，台湾版五卷）、《气功医术知识揭秘》、《气功传统术语辞典》、《人人可以进入的神秘境界》、《养生修真证道弘典》（大陆版 11 卷，台湾版 15 卷）、《九灵针经·气道针经合璧》、《气道》、《本如当来——仿佛如是说金刚经》、《仿佛皙老——太极格解道德经》、《仿佛居士说心经》、《仿佛居士说坛经》、《仿佛汲老子》、《仿佛淘庄子》、《仿佛论孔子》、《慧能大师传》、《仿佛居士说慧能禅》、《禅说金刚经》、《生活禅》、《中医望诊相法》、《依稀影》等，殆数百万言。

序　言

　　九宫太极手乃古道家太极门秘传之武道修为体系，本系上古历代祖师太极大道修为之辅修性功行，即所谓内修心性，外修武行。武行，亦即武道功行。惟其武本出道，故此太极武道功行亦必宗奉道家三则"自然、无为、返本"，以无中生有、有以化有、无生有化、有无相应之化育生发为其大旨。

　　九宫太极手包含九大桩口修习秘法，其创发修习，原系太极道行之九阶，即九宫太极架之气法外展所致，由架而手，由手而拳，由拳而武，由武成行，由行成道，终至自发演衍而成太极武道九宫太极手。此后，九宫太极手更衍化为武道太极拳式，即太极祖拳——九宫太极拳（又称太极祖架九九拳），更由此而流衍为今天之各式太极拳。

　　九宫太极手宗本九宫太极架之九九终始太数，而以道出武，以道演武，终乃克成武道。因其有为入无，无为入有；有无相生，无有相形，进而自道出武，因武入道，成道而复返归道本。故乃赐名之曰太极武道。

　　太极武道，武缘道出，道自武入，玄微幽替，高深精妙。

其衍归之境，是即太极武道之太极武功与武学至高境界。此境乃古今习武者所神往之中华武学圣境。若更上一层楼，由武归道，是即武道。武而达道，则已无武，更无武之为道，是乃为武之归宿。武本于道，终必归道；武生于无，终必归无！此盖太极武道之旨言道论。

语云：上德不德，上武不武！为此，昔年之太极门祖师深明此理，乃为此武之为道，而作结表其名曰：武道，亦即武以归道，故曰：太极武道。

道家太极门秘传之太极武道九宫太极手，与当今流行于世的太极拳派系，其内涵及承传，多所不同，甚或理别霄壤，行殊有无，多难与语！后之来者，果若能学而习之，精以致之；入而会之，达而发之，一旦登堂入境，体认应即，则自能了然于胸，解用无碍！但臻此境，自能悟知太极武道正脉承传实是有无相生，自然天成；玄妙奥微，至简至能！从而证入九宫太极手功行理行体用妙境！

1999 年，岁次己卯之岁首，由中华炎黄文化研究会太极文化专业委员会组织举办了一次系列太极文化讲座，陆锦川先生于龙城柳州，为诸太极文化学者讲授太极武道之绝学——九宫太极手理法内涵及习练要义，讲授凡七日。先生提纲挈领、全面系统讲解并传授了太极武道之九宫太极手各阶次的修为及其理行内涵，并亲为诸学者带架正架，授架习架。众太极学者学而悟之，勤而习之，体悟九宫太极手之架动气合、生气体玄之奥妙，感受气引架行、通脉开窍之神奇，起落进退之间，体感用受，获益匪浅。

九宫太极手内涵博大精深，理法精妙绝伦，为使其济益武林而发扬光大，启导志于武学求真之学者，太极文化专业委员会"太极武道文化丛书"编委会，集中众智，编辑整理成《九宫太极手》，期益当世，更待来者。

目　录

第一章　太极卫生道

一　卫生之道

卫生之道：　入世练养（练气柔形，养生全命）；　性命大道。
　　　　　　出世修证（修神悟性，证灵明道）。

析语：养生卫生：一曰自然，二曰调治，三曰武道；

　　　修真卫生：一曰明生，二曰悟性，三曰证真。

卫生词义

卫生一词，在古代是一个广义词，它不但包括医学疗治，还包括自然使然的养生锻炼，诸如种种健身强身方式，以及传统武术，甚至于高级的气修与武功。除了修真的高级阶段不属于卫生，初级阶段都可涵属于卫生这一范围。所以，卫就是保卫，生就是生命，卫生也就是卫命保生，保生卫命。

卫生道

卫生道，即卫生之道，亦是道门的传统名称，目的是养生修命，强身健体，抗衡强暴，保生延年。后世因武有侵害之能，非惟能卫生，亦能害生！故将武功武技，改称为国术、武术、武学、武事、武功，使其隶属于兵事战术，为军事服务。

太极卫生道

太极卫生道，历来分为两个方面，一是入世的炼养，一是出世的修证。这两个方面，除了修真的悟证之了道以外，一般来讲，都被归属于卫生道这一范围。

入世炼养

入世炼养，炼气柔形，养生全命，这是太极卫生道的基础。

老子曰："柔为生，僵为死"，"柔弱胜刚僵"，故柔形历来是传统养生的一大关键。在唐代，武功叫作柔术，这个名称后来传到了日本，他们直到现在还称武功为柔术、柔道。可中国自己已早把柔术、柔道改称为武功、武学了。

但是，传统中的太极卫生道，却还依样保留着先唐时期的名讳风格，还是因旧称而呼之为柔技、柔术。

命修三饲

说到养生全命，首先要养的即是平时的入世自然养生，亦即道家传承的"命修三饲"。

其理行应包括三个方面：

一曰气，二曰食，三曰色。

这也就是道家炼命的三大修为：

炼气、服食、房中。

服食

服食，原是道家三大传统修为之一，就养生而言，这也是一个非常重要、非常实惠的法门。

服食，通常是指营养治疗、药物治疗以及各种食补食养的方式。食，在传统服食法门中通常分为两大类：

一曰为阴食，二曰为阳食。

何为阴食？阴，有象之指也。阴食，即端指物质类饮食，包括药服与食服，这是大家所熟悉的。

何为阳食？阳，无形之食也。阳食，通常指自然界之气性食物，即人们常说的声、光、电、气。这些东西也能吃吗？放心！天地在生你的时候便早早地为你作了相应的功能设置，每个人一生下来便具有如是之功能！只是因为用进废退的缘故，久之遂被人遗忘、否定。

一般来说，声、光、电、气，还可因境界而分为若干层次，或若干种类型。比如雷气，没有雨的雷震，属于燥雷，燥雷性热，可以治寒病。而有雨的雷霆，特别是比较大的阵雨性雷霆属于冷雷、寒雷，寒雷可以用来治热性病。

由于雷气刚猛显赫，雄伟广大，一般来说，初学者容易感应，学者在摄气之功行中修炼到一定的境界时，可以在老师指导下习学、测感雷气及采集雷气，还可把雷气采收、保存起来，在需要的时候，可用之为人治病疗疾。

我们这个天地自然的各种气机，像早上的雾、露之气，春夏秋冬，时境地势，可能都不一样，传统的道家修炼中，有相应的采集、服食与治偏方法。这里就不展开介绍了。

人应天地

人应天地而生，人的功能，本来就是应合天地之存在而生，故《内经》谓，"天地合气，命之曰人"，所以，人是一个小天地！以故，但凡天地有此类存在，天地间的人便会设置有相应于这一存在的体用与功能，以适应并联系天地之种种设置与安排！

炼气

在道家三大修为中，第一大修为便是炼气。炼气修养，古来传统秘承法门将其分成七个大类，简言之，亦即阴阳大法与五行修法。

炼气之纲：阴阳

今简言之：

夫阴阳者，天地之道也，故呼吸之法，也莫能外其节。

你看：

阳无象，阴有形；

阳主外，阴主内；

阳博大，阴潜沉；

阳无为，阴有为。

如此等等。

此为气修之纲！无纲则目不立，无目则纲不成。

炼气之纪：五行

五行之道，金曲木直，火盛水潜，土兼四维，沉厚博大，若能如是解行则浮沉纵横，升降开阖，无往而不适，此之为气修之纪。纲纪立，则法行立！但能明悟此理，则自然法法自然，法法自在，法法自来，法法自得。

归元返本之全息法

法法行，则呼吸之道行，有息应矩则自能变化出诸般法门，成其为一套套的呼吸吐纳方式。

比如习练归元返本之全息法，但入其法，自然鼻如瓶口，身似空壶，洞如迎风，腹若斡旋，忽忽然与天地一气相通……即鼻子里没有呼吸，但是肚子里面有呼吸，这既是一种养生方式，更是一种修为方式。

房中养生

房中养生，为道门命修三大修为之第三种，即古来道书中提到的房中炼养，房中补益，房中导引，房中修为，亦即通常民间说的房中术！

为天生男女，故道立乾坤。夫妇相配，阴阳相合，乃能世世生生，延续宗祧，而生命人类，乃有今之繁荣昌盛。故男女之事，本天造地设，殊无可讳言者。

昔告子有曰：食、色，性也。（《孟子·告子上》）

夫食而无羞，则色何有耻？后世藏行耻言，盖世风人见之约定俗成者。抑为此事可行不可言，故亦累及房中修为之传承相应避世。

后世江湖上盛传之所谓房中术，大多非道门正传，大率所谓采阴补阳，红铅白雪，实属房中养修之下乘末法，多非正道，故向为大宗传统门派所不齿！

试想，道以利人为本，若怀一团私心，一腔欲求，一肚子算计，又焉能无为而为，自然而然，无欲无求，而入诸神气妙合之境呢？唯其如此，故世间传闻，率不可信，此道若无正传，想当然而胡思妄行者，欲动精耗，元气中虚，久必祸己！

房中修养，也就是男女双修方式，这又是一整套的生命的养生方式。由于房中养生一法，事关社会风化、男女名节、家庭伦常、道者声誉，故历来讲道者，大多存而不论，论而不教，留此一说，以俟后来而已。

出世修证

出世修证，修神悟性，证灵明道，属于卫生道修炼的高级阶段。

修神的方式，古来就很多，这要看道师的传承及自己的喜好。

一般来说，开初大都习学凝神集气。待凝神定力能达到相当的水平时，方可进一步修证神气法门中的相应传承。

定念修持

定念，是修习定力的一种神修大法。修持时，要先学凝神；待神凝气聚，再把念头点定在所选之某一个点上，持之以恒，坚稳不易，久之而不动不摇。

这种法门当然可以调控神气，更可以帮助你加强定力，牢固心念，神不妄驰！

生命未来

这些都属于古人传承的内向性学问、性命大道领域里的神气功能，其实这才是人类真正的生命知识、生命内涵、生命奥秘、生命未来。

养生卫生

养生卫生，大致可分成三个方面：

一曰自然，二曰调治，三曰武道。

养生卫生之自然

自然就是生命的本来，生命要维持下去，就需要一定的方式，这个方式，太极卫生道统称为自然。

怎样才能使生命自然呢？

老子有谓：人法地，地法天，天法道，道法自然。

人要法地天而法道，就要效法自然。人要效法自然，回归自然，体行自然，殊非容易！

因为人生有象有作之世，易落有为，更由有为而有欲有求，这样：

人心便与天心隔，要想回归百年长！

在养修的道行中，要让常人进入自然无为，似乎比登天还难！

但是，不能自然无为，又怎么能返本而归真入道呢？所以，做不到也要做，做到了还要持之以恒，才有可能离却凡欲，透破有碍，入道成真。为此，自然、无为的方式，在养生、修真中，成为永恒不移的不二法门、无上法门、上乘法。

当人们一旦进入自然、无为，一旦返本归真，就会理所当然地退出形体百感而进入神气领域。自然就会发生、发现、发明、发挥包括刚才说的很多神气内涵。所以，神通法术，神气异能，历来都被认为是道的副产品，而绝不是大道本身！

养生卫生之调治

调治，不光是指调治人体疾病。

对疾病的界定，俗见与道见不同。

道论认为，有些疾病现象并非都是病理性的病态反应，有时亦是人类身心的某种生理性的自然调整反应。它是"似病非病"的自然调治，这在道门称之为：

治必先乱！

一般正常健康的人，很多也会因故而产生这样的反应，这也并不能说明人的身体已经患有病理性的疾病，而只是某种自身调整的生理性需要而已。

所以我说：人类生命过程中的有些疾病，是人类生生过程中的某种必然。

如小儿时期的发烧，即中医所谓的"变蒸"，便是正常的生理性病理反应，并非病理性病态反应！小儿变蒸，在小儿发育成长的阶段内时或有见，而小儿也似乎是在这些生理性的改变、诸如生理发烧这一类似"病变"的反应中，发育成长，增强功能，增长智慧。小孩能发烧，本身就说明他生长发育很好、很正常，这是一种特定的生理性病理现象，不必紧张。

当然，真要是疾病性的症状，那又当别论。

六根界定

病其实也是人的一种六根知感界定类产物。"六根界定"，是太极学三大哲之对待观中的一大理见性分析方式，也是一个与众不同的思维方式与特别见解。

在我们人类的感知世界里，许多存在，太极学把它们从形体功用到内涵变化，都归属到六根界定中去。为什么这样规定，因为这一切存在，都属人类六根界定的范畴，是六根界定的结果。

人类要是没有这套六根知感，也就无法感知并证实人体的这些内外在存在。当然，人类已知的这一切的一切，便都无从说起，一无存在。

存在，都应是六根界定的结果。那，有没有六根界定之外的存在呢？当然有，但是，它们对人类知感来说，可就根本不存在！

病为六根界定

什么叫疾病呢？只要六根的感官功能给人一个这样的直觉——正常的生理感觉上忽然感到不舒服了，这就叫症状，亦即疾病。

其实，这是不尽合理的，有时甚至是荒谬错误的！因为，生理界定的不舒服，不一定是疾病，而可能是身心的，即形气神三者的自行协调与某种调整！而这些调整，又往往是生理进行过程中的诸多必然。而且，有时候还是有益身心的乱治反应。

治乱对待观

治乱的对待观，太极学的哲观是：

乱必以治，治必以乱。

在乱的状态，乱必以治。然治乱必先致乱，故曰：治必以乱。唯乱乃能得治。其实，这就是调治。

在道行、功行的修为阶段中，都会出现不同程度的生理性、功理性、道理性的"疾病"症状，也千万不可误认为是身心疾病，而延医调治，自误行程！

如道行入盘初期之"熊懒"就是这样一个特定的"疾病"

现象。

就是练着练着，突然间，气和动作都倏忽若失，一切都没有了！更且全身不适、气虚体虚、厌倦烦心、少食少眠，恍若气堵气亏，这就是换气。这种"疾病"当然不需要延医服药，过些时日自然又会神采飞扬。

少数严重的换气起复，还需要换场调治，换场严重点的，会发生全身瘫软，甚至连坐起来的力气都没有。对此不必紧张，过些时日便会由乱而治。而且，这个过程本身，便是道行中的良性治乱调整，即治必以乱的必然过程！

调治的这三方面的内容，有生理的，有功行的，有道行的，甚至还有成长发育的，它们同样都属于人体调治的内容。所以调治在道门修为的传承里，原是一个有着广泛指义或多重内涵的概念。

养生卫生之武道

武道，是人类特定的强身健体、雄伟胆魄的自卫抗暴方式。人类在生存发展过程中，除了人与人之间会争斗以外，还要与物进行争斗，甚至有与天地进行的争斗。

在争斗的过程中，为了保护自己的生命，抵御伤害，古人于是就创造了以武自保的相应技能，逐渐发生发展，完善提高，因而产生了今天的武道、武卫之道。

太极门武道在传承方面，分刚、柔、内、外、缓、疾、定等七个门类。而九宫太极手，仅仅是其中的一个阶段，一个部分。

修真卫生

修真卫生也可酌分为三个方面：

一曰明生，二曰悟性，三曰证真。

修真卫生之明生

明生，这个词看起来很简单，就是明白我自己的生命之意。但是，要真正明白它，可还真不容易。

人，总是生活在一定的境界里，并在一定的境界里认识事理物情。在这个境界里面明白了，但境界一变就又迷糊了。所以，人对整个生命的认识，对自己的认识，需要不同的阶段转换，在不同的阶段中、境界中，去升华、去提升对生命的体认和领悟。

认识自己，是回归整个身心来认识自己那个真我。

人类要认识自己，需要进入内在的、幽深的未知领域，探究形气神不同领域的无穷存在，而要真正认识自己，恐怕也像认识外在宇宙那样不容易！因为，人的知解总是有一个限制的，所知越多，未知也就越多！

智慧与气脉

有些人在读书的时候，会突然迸出一个智慧的灵感。有人就说：嘿，这个人好聪明，他这一下子智慧就来了。其实，这与人的内脉通和与否有很大关系。如果内脉修炼得好，思维智慧等就会有很多意想不到的变化提高。这就是内在奥秘，也是古来道佛修为能开启智慧的缘故。

感觉自己

随时感应自己身心的各种各样异常，从异常中体会它的正常，通过慢慢地体会、慢慢地反观，总有一天你会了解你自己。

了解了自己以后，就可利用你修行的内力，也就是气和意念，把自己身体不合适的地方进行调理修整。既然先天赋予人的身体有缺陷，内脉有不通的地方，但不通的对面就是通，后天就可以修补它。

在世间，什么叫不可能？不可能是因为你站在事物的一端上看问题，没有看到事物的两端。站在这一端看是不可能的，换到另一端看，就变成可能了。但常人老是不知道换境界，一屁股坐在那里几十年，就不知道挪一挪，为什么不知道换一个境界？因为常人不能明白太极的对待哲理，不明白这个道理。

要明白一个事物，不能仅仅看它对的一面，还要从它不对的另一面看，才能比较完整地认识这个事物。而且，不仅要从它外部的两端看，还要从其内部的多个面向以及其他的维度来看，才能真正看清这个事物。这样才能了解一个事理。

悟到这一点，就有可能返修悟证，了解真正的生命奥秘。

生命具有很多奥秘和能量，实际上，人平时所用到的生命能量很少。现代医学发现，人的大脑只用了5%都不到，还有95%以上的脑的能量都浪费了。

为什么被浪费掉呢？因为常人每天的生活几乎是千篇一律地在重复，接触一样的人，做一样的工作，思考一样的问题，整个思维全部落在重复的生活上，当然不可能跳出日常生活的圈套，就难以激活、利用那95％的大脑能量。

现在大家进入太极道行的修炼了，太极道行的修为要求你进入自然的境界，也就是从日常生活的重复圈套里，暂时跳出来，不要被框在一个固定的境界里，要争取把人脑的那没有被激活、利用的95％开发出来。不过这很困难，但能达到50％也好啊，这时你的智慧就已经是圆融无碍了，你的思维就提升到一个超出常人的智慧境界了。

修真卫生之悟性

要悟性，首先要懂得什么叫性。通常讲的性，是指后天的性格、习性、脾气、修养、涵养等，但是，性的真正内涵，应该是在先天。**性生先天，性习后天。**

因为人是从无到有，性也是从无到有。从无到有反映出来，我就看见它了；没有反映出来，我就看不见它。

当人在内观自己一个念头的时候，一定要等到这个念头成其为念头以后，才能发现这个念头是什么。大家思维的时候，自己体会一下。我的体会是，当一个念头在萌生还没有成形的时候，只有一个感觉。而这个感觉还没有成其为念头，这时候你不知道这是什么念头，因为它还没有表现出来。

这时，你再往前，看看念头冒出来的前面那个是什么。我可以给你说，前面"那个"离性不远。如果你能从那里去找一找，对你有好处。

常人总是习惯于看有，念头一出来，马上注意了。为什么不注意念头还没有出来的时候呢？当年如来要人们注意当下一念到二念之间，即前面一个念头灭了，后面第二个念头还没有产生的时候，中间是什么？但是你注意了：这还不是本！不要误会。本性无念，也不在念中。**莫在念中寻！**

性，形之于有以后，已经是有界之性了。没有形之于有的那个性，无善无恶，无喜无怒，无好无坏，没有落入任何对待，也没有落入任何有相，等它形成了，才会发现这个念头指的是什么。

念生三界

念是从性上生出来的，每一个念都有其酝酿萌生、成形显现、流变化灭的过程，所以，念生三界。

太极学从哲理上把人的念头分成三界，念头未生的境界叫无界，念头将成未成之时叫有无界，念头形成让人知道了叫有界。**无界是本性，有无界是变性，有界是习性。**一到有界，就被社会习染了，已经与社会相关了。

所以，本、变、习这三个性，自己要好好悟一悟。

自己好好看看自己，你发火的时候，想一想为什么发火，发火又怎样；高兴的时候，想一想为什么高兴，所有的来去，都想一想为什么。

这是什么？这就叫参禅，这就叫参禅头——禅头就是话头。参禅就是参机，参机就是参念，不管是外来的机，还是内来的机，对人来说都是一念。对我来说，不是念的机算什么，不是念的禅机，再高跟我没关系，你道理讲得再好，我听不懂，那等于零。

证真

讲证真，很多人都觉得，对待的世界哪有真？太极学的三界九皙不是明明讲了，一切真理都是境界性的，在这个境界是真理，在另一个境界就不是真理了吗？

人生存的一切，都是境界性的，人产生的意念也是境界性的，离开了境界，便什么都说不上。

我们现在要找的这个"真"是什么？三界九皙不是说没有真吗？你错了！三界九皙只讲了否定，而没有讲是，没肯定是、是什么。至于"是"是什么？那得你自己去找。

因为人的知解，人的知识，人的认识，人能看到的事理物情，都落在有界，而有界凡有不常。

在这个世界上，生命是永恒的，随便怎么转换，"我"还是永恒的。物质世界的科学认为：

物质不灭。

万物在宇宙里面搅过去搅过来，你还是存在在这个宇宙里面。一切物质，变过去变过来，还是在这个世界里面。由于物质和精神本来就是一体的，所以，精神也是不生不灭的。

物质和精神的概念是从哪里来的呢？六根界定。

天地所有的存在，人认为是精神和物质，注意了，这是人见，而人见从哪里来呢？六根界定。

既然现在所有的见解，都是因为人的知见界定出来的，注意了，人本身就是一个标杆。既然人看到的宇宙所存在的一切都是不常的，大家说有没有恒常的存在呢？

既然天地的存在都是假的，就一定有真的存在。如果没有真的存在，假从何来呢？如果生命是永恒的，那么，现在一个一个的生命就不永恒。为了让生命永恒，就必须让生命不断地转换。

世界凡有无常，假以真来奠基。

真是什么样的，你自己找。

见性的这类话，第一个人说了是：**见性**，第二个人再说是什么呢？**见鬼**。

二　武道卫生

武道卫生：　　有为入无（生气体玄，九桩之法）；　　道武武道。
　　　　　　　无为入有（应气用妙，九手之道）。

解语：九桩之法，人含天机，有根之常，玄生体用；
　　　　九手之道，天合人机，无根之变，妙致武道。

武道卫生，可以狭隘地归到九桩和九手中去，也可以向上向下展开。向上归道，向下入术。

我们现在传授九宫太极手的内涵，是狭义的，就是九桩和九手。事实上，九桩和九手已经奠定了整个九宫太极手武道的主要内涵，而九桩是修习基础，九手则是九桩的高级阶段。九桩和九手当然也是由道出武，由武归道。所以，结语写为：道武武道。

道修三则

太极学的基础道行，有一个道修准则，通常称为道门三大则。这三大修则也就是宗道家之法天之道，则天之行，体天之法。是即：

自然、无为、返本。

所以，这三大则也就成为道家太极门的道修准则。

有无更替

九宫太极手则是道行向外体用的功行。所以，武道卫生，不讲无为，而是有为入无，无为入有，有无更替。

为什么说修炼九宫太极手需要有无更替呢？

因为有道在里面，而武出去应世，已落入形器了。由于武要落入形器，就必须进入有为，亦即：**不有为则无以致其用**！但是，武进入有为，则已离道离根，武道之行便成了无根之木，所以又必须时时注意返归，返道归根，以致其体！这又是：**不无为则无以致其体**！这就是为什么九宫太极手最终必须又要归到无为的原因。

一般的武术武功，即使是大宗传统门派，也都是有为有为、一直有为到底的。它不会归入无为，因为它没有道的传承，道的内涵，更不是道之所生，即使想归也归不了。这也就是道武与俗武的根本差别，也是九宫太极手与世间、江湖武术的根本差别！

武道大旨

太极门的武道大旨是：

无为为其本，有为为其变；

无为为其体，有为为其用。

所以就是无有相生，有无交替的。

为此，它的口诀是：

从无为而入，必须要入有；

从有为而入，必须要入无。

这两句话就是练九桩、九手的口诀，大家要记住。这个口诀可是九宫太极手的口诀，不要用到十方无极裆去，不要用到太极道行上去。道行是道行，这边是道武，是武道道武的功行。

有为入无，生气体玄，九桩之法。

在有为进入九桩法的时候，体玄生妙，即体其玄无而生妙有，这个法，就叫作九桩之法；

无为入有，无为生气，有为用气，运玄气以妙用，运气用妙之后，便谓入手，这叫九手之道。

自来传承，九宫太极手和太极九桩口，相与为对，相互为用，这个口诀，也是相与为用的。不是说这个属于那个，那个属于这个，而是两用一体，相与互用的。

概念锁定

人生有界，首当有无，受以成习，习惯成自然。所以我们平时认识事物总是希望把东西看实在，有就是有，无就是无，是就是是，非就是非，如此等等。

实际上，这种观念，如斯认定，界之失定，应之失当！坦白说，这是上了六根的当，还自以为是，理所当然，浑然不知觉。

六根的界定，既是人类知解最利便的工具，反过来，又是人类知解最大的碍！

对待反成

九宫太极手的基础是一三五，一是无极桩，三是三才桩，五是五形桩，一三五妙至无穷。如果这个根基打好了，再进入九宫太极手的练习，就可左右逢源，应变自如。

九桩之法是人合天机，而九手之道正好反过来，是天合人机，妙就妙在这个反其道而行之。

从哲理上讲，要把对方当成对手，你就要顺其道而行；要把对方当成朋友，你就要反其道而行之。

此即对待反成的哲理。

辩论中帮对方肯定的过程，正是帮他固定、锁定的过程，凡是固定死了的理论，只要境界一换，马上完蛋。这就是"概念锁定"的反成律在论证中的运用。

我们在御气争斗的时候，用柔的方式来使气，那就比用强制的刚念来用气，易致得多！

爱病思想

我曾经讲过一个爱病思想，即在自治与调治疾病的时候，不要恨病，而是要爱病。我在行医疗疾时，面对病人，特别是危重患者，我必须有一手既能迅速调整其悲哀心态，又能自发调动其自治体能的高招，那就是我常说的那个"爱病思想"！

要知道，病也是一个生命，它一样也有自己的形神存在，即病也有病神，而且你的病和你又是一体的，你与它敌对，它必然与你敌对，你需要调动超过它的能量来战胜它。但若你正气衰弱，你要胜它就难。此时，你若换一个思路，不是与它敌对，而是你要爱它，而且是能充分爱它，那它只有两个选择：

一是归化统一，你把它招安了；

二是百顺则逆，它会死得快点。

看，这也是一种对待反成的治病哲观思维。

人合天机与天合人机

人合天机，要顺其自然，顺应自然，顺应其道。那天合人机呢？老子有一句话：**不召而自来**。而且，来即合道。

这也就是天合人机，即所谓：

人机不动，天机自动，天机应人，不召自来。

你不用去找它，它自己来了，而且你自己没有执着，这就是无根之变。

无根之变

九宫太极手最大的玄妙，就是它的这个无根之变。在这个世界上，由于六根的向有，所以，凡是有形的东西，有形有行，都好对付；只有那种无形的东西，无根之变，无形无行，那可就不好对付。

打人，不是较力，更不在快慢，而在得机。

听着：

练际情中有，用时形内含；

引蛇飞出洞，方寸半惊间！

太极武道在武术上的体用，是无根之变，妙致武道。不了解这种打法，你根本就没办法对付他。

如果我真要打你，那最好的办法，当然是：

就用你的有，来打你最好。

三　十方开基

十方开基：　刚道急架（八卦神力，以刚见柔）；
　　　　　　柔道缓架（九宫太极，以柔见刚）。　一体两用。

解语：八卦神力手，成武门神功拳；

　　　　九宫太极架，成武门太极拳。

在太极道行的十方无极裆开基以后，其进程趋势，可因修炼者的内外在条件，而分为阴阳刚柔两道。

刚道急架

刚道的急架，是古来武林闻名的八卦神力手，与过去民间所谓的"神拳"相类似。神拳，传统上属道门五门秘承之符箓门的神技，当其习练之时，必须以符箓门所传承之仪式，先设神坛，焚香燃烛，精诚心志，参拜历代祖师及过往神灵，并以书符念咒，聚神聚气，进入刚气猛厉的神拳境界，便可力大如牛，刀枪不入！

但是，刀枪不入，本身是要有相应境界条件的。神拳到了气贯周身的境界以后，人的肌肤会变坚硬，用刀砍上去，噌，一道白印，刀就被弹飞，确实是砍不进去。可是，不能用刀割，只要用刀一拉，那可就割进去了。人的肉再坚硬也还是肉啊，毕竟不能和钢铁比硬。

八卦神力手

神拳传统上又称为"洞洞功"，过去专在山洞里面练。练的时候，以神御气，以气贯形，以形达力，迅即刚气焕发，真有气动山河之势！

修习间，一旦真气发动，会越动越快，越打越硬，越打越舒服！能把山洞中的石壁，诸凡突出的棱角，全部打碎打光！久之，练神拳的山洞四壁，会像鹅卵石一样，全部被打磨成光滑的石壁。

习修之人，但能入境，初虽失控，久之则慢慢自能控制、把握。这个失控性修炼方式，就叫"洞洞功"，也叫霹雳神拳。这种拳式，由于必须特定气场辅导修为，故不能无师自习。如果没有老师指导，千万不要冒险自学盲练。

八卦神力手，是由十方裆开基后之所变刚气激成。气力虽宏，但它的气却主要只能往外走，不能往里走！因而，这种修为，当然不能入道。但是，由于它又是十方无极裆所发的刚道，刚道刚中有柔，柔道柔中有刚。神拳刚中有柔，以刚见柔，自然可以以气引导，令其转刚向柔，外气入内，逐渐变成九宫太极架，引之而入道。

八卦神力手的境界，太清醒，发不出神功来；太失控，又失去了主宰！妙就妙在：

神清醒，形气疯；动态异，心思静。

只有这样，才能进入真正的八卦神力手的境界。

缓道柔架

柔道的缓架，也就是九宫太极架，为太极九阶道行中、继十方无极裆后、能入太极道行法门的第九阶。

由十方无极裆启开的刚柔两道，九宫太极架和八卦神力手，其内涵，两者正好是奇正相反：

其八卦神力手原是刚中有柔，故以刚见柔；

而九宫太极手却是柔中有刚，故以柔见刚！

八卦神力手和九宫太极手，一个是刚中含柔，体刚用柔；一个是柔中含刚，体柔用刚。两者一阴一阳，相反相成，一体两用，相生相克。是所谓：体用反成，相对相待。

所以结语讲：

八卦神力手，成武门神功拳；

九宫太极手，成武门太极拳。

九手流衍

轻柔匀缓的九宫太极架的修习演变，也才会生生化育出由道出武、由武归道的先天太极拳祖架；才会化解出九宫太极手及其后之庞大系列，以及尔后这个离道益远、早已演变为纯武术的后世诸家太极拳！

这里，九宫太极手的化出，不仅奠定了道行性武技的体用基础，还奠定了武道之学后世的发生发展，不然，也就不可能有今之各家太极拳的传承；而今之武林拳技，就不会有这种一反武林诸家之劲疾拳种、竟反以轻柔匀缓的和蔼拳风，独立武坛，已而被誉称武林的后世太极拳！

由此，武林拳种，据其与道的关系，约之可分为以下三类：

一，道武武道、九宫太极手；

二，离道武技、现行太极拳；

三，非道武术、各门武家拳。

第二章　九宫太极架

一　九宫变法

九宫变法：

体柔生刚（九宫八卦，柔极必刚）；

体刚化柔（八卦九宫，刚致转柔）。

柔刚相生。

释语： 柔道九阳，内引神架，柔为刚体，内气合道；

刚道八阴，外发神拳，刚为柔用，外气合武。

九宫道架

九宫太极架，是由开基手，即修炼十方无极裆所引发的太极初阶柔架，这个"柔九架"本门历来称为入门架，是正修太极道行的真正基行，自亦属于入太极门九阶道行的第一阶。太极学者在入修开基手后，但登此阶，则于太极之修，便可谓之

"入法门"。以故，历来本门之传承，率皆延称九宫太极架为道架、道行、道功、道九。

九手武道

修行中，复由九宫太极架化生出九宫太极手，则属正道道行向有衍生的太极功行，是即九宫太极架滋生的副产物，自道生武的无为自生有为。

此后，由功行而化生武手，复由武手而化生功夫，更由功夫而化生武技，由此而成道行中之武道，故历来传承乃称之为太极武道。

九宫太极架与九宫太极手，它们二者之间虽只一字之差，可其修为内涵，则完全不一样。

九宫太极架的变法理致是：

体柔生刚，体刚化柔，刚柔相因；

九宫八卦，柔极必刚，刚柔相致；

八卦九宫，刚致转柔，柔刚相生。

这里讲的刚柔，是指气的刚柔，并非体态之刚柔。

刚柔一体而两用

柔道九阳，内引神架，柔为刚体，内气合道；

刚道八阴，外发神拳，刚柔合用，外气合武。

上列这八句话，是什么意思呢？是说九宫太极架，本身属于柔道，但是柔中含刚，柔中生刚，柔以化刚，刚以柔立。于是，九架退八，奇阳化阴，八卦神力，即乃如是化生，衍化而成。

因为刚和柔，本身就产生于一体之分，化生于一体而两用。且唯其一体两用，故两用自必本一体！细想之，微度之，凡诸事理物情，其概念对待，于道于理，于暂于哲，殆莫不如是。

就对待观看，既然物情有刚和柔的对待互存概念，那么，刚柔应该是一体而两在，并因境界的觉受不同而不同。

刚柔反成

气柔以柔为形，气刚以刚为象，柔道以九阳为数，因为九属阳；刚道以八阴为数，因为八属阴。阴体阳用，阳体阴用，相因互果，变化无穷！

《易经》上讲阳刚阴柔，而我们讲的却是阳柔阴刚，这是为什么？这就是立论的立足点不同，观察问题的方式角度不同。

不仅刚柔，阴阳也是这样。就像中医讲阴阳，当然是男阳女阴，而道家太极门讲阴阳，则是男阴女阳，为什么不一样，就因为各存其理，各有所据，且各致其用。太极学是理看，而中医是相看。从相来说，男属阳、女属阴，是对的，但从理来看，那就不对了。阳柔阴刚和阳刚阴柔，同样一个是理，一个是相，所以才会发生归属对立的矛盾。

柔属九阳，这是阳柔。本来阳是至刚至气，为什么又变成至柔呢？因为从理上来讲，阳无相，阴有形，阳既然无相，当然至柔；阴既然有形，当然至刚。其理致，即：

惟至柔，方能至刚，惟至刚，方能至柔。

柔弱胜刚强

八卦神力手即神拳法的御气用气，而气之反成，正是至柔至刚，至刚至柔，化变往复。故曰：

惟其能柔之极，乃能化生至刚！

懂得了这个道理，也才能真正理解老子道语：

弱胜强。

明白弱能胜强！这很重要，因为这是道见。知于这个道见，人们也才能明白，古哲们为什么会说：

用气打人，是技击中的上乘！

特别是用柔气打人，直透五内，且能伤人于无形，那才是武技中最上乘的功夫呢！

刚须化柔

在讲柔道九阳，刚道八阴时讲过，内引神架，外发神拳，它们都是神气并用的，一个是柔为刚体，一个是刚为柔用，两者相因互果，相形互致。

所以，九宫太极手看似至柔至阴，至气至体，但是它同时又有至刚至阳之用，这是九宫太极手体柔用刚，以柔制刚的一大特性，也是八卦神力所难能望其项背的一大特长！这也是老子弱胜强的又一例证，又一哲断。

而八卦神力手作为神拳，本身就是用的刚气，大家说，纯刚之气能持久吗？对，不能久。所以，刚极则柔，凡刚之极，就必然也必须转阴柔，以和顺其刚强之短。如果八卦神力手不能进入柔的境界，就会刚极而脆，至刚而折，这也就是以刚立强的八卦神拳的一个天然缺点。

我们现在讲太极武道的时候，可以告诉大家，八卦神力手虽然属于太极武道系统的一个组成部分，但是，从武道道武来讲，它与九宫太极手相比，属于太极武道中的下乘武道！

九宫太极手之成因内涵，奠定了它的高位品阶，它属于太极武道中的上乘武道！

二　出无入有

出无入有：　出架无为（无为为体，无为为本）；
　　　　　　入手有为（有为为用，有为为变）。　天然之道。

机语：方离世行，易无易有，气生静动，内外成功；
　　　　初即道行，可出可入，架生缓急，柔刚出势。

方离世行，易无易有

从十方无极裆进入九宫太极架的时候，因为方离世行，无为未定，故而易无为也易有为，变化不定。从修即之太极道行看，自亦是可出可入，可八可九了。

大凡道修之人，初修入阶之时，最易产生变化；待等真正入了法门，进了九阶，然后再由九入八，到了八周桩，这时，自己也已少有定力了，自然能进入相对稳定的修炼状态；等到了七、六、五、四、三，特别是三真修行的时候，这个时候，信心坚固，身心大定，也就无所谓左右寻觅，前后瞻顾，当然更不谈什么进退变化、得法舍法了。

当然，进入了五甚至四的，童心未泯、利欲未净，有者还想往外求索变法的，也不是没有。当境之际，稍或意动，便有神通随之，而显诸法！

但是，法落有即空，能使仁者顿生智慧，照察得五蕴六识界内，法法空相；故多数行者都能于此，幡然醒悟，挥剑斩魔，还归无得之明，无欲之慧，而返证如是！

因为凡是过得五中两面镜者，其道力已臻，道心已定，道行已规，故那些尘牵俗缚，毕竟已不碍道了，因为凡是修达那个境界，你的气场已经登圣了。

气分三界

气是一个存在，故气也应万有而可分三界，有界、有无界、无界。

有界称为气，有无界称为炁（力下四点，音宏），无界称为劲（弓旁加力，音勒）。

有界的气字，实际上就是古人画的云字≈。

气，虽说也分三界，但在太极学的三界观中，它属于有无界的存在，即有无之在。

气的三界存在究竟于九手有什么作用呢？这就是：

有无相生，有缘无生；无生有成，无有相成。

首先，无中含有，无中化有，无中生有。气即自无界、无有界、有界，而化生化变。但能入境，自然天机自透，妙得柔刚，圆融活泼。

就阴六根的感知而言，应该是越往前面走，由无而无有，复由无有而有，及于有，就越来越显象，至成象而落有界，就越清楚。然越向有，则离自然越远！

因为人的六根感官功能中的阴六根，为适应有界，当然对有界的气就容易感应到；而有无界的气似有似无，则难以感应；到无界就根本感应不到了。

九宫太极手的气机在有无界

九宫太极手的气机，从三界来说，它应该在有无界。但是，就具体的修炼者而言，还应该看他的具体修炼境界：越向外用的，其气则越接近于有，而越向里修的，就越接近于无，兼于内外者，则界于中。

三界九哲

太极三界观是一个哲观，观有宏观总体观，也有微观分辨观，在每一对应部分，还有相应对应的分析观，等等。

我们可以把三界观看成是一把能万应三界事理物情的理性标尺，以其分别列着无、无有、有，这三个对应万千事理的三界观，去印证、分析、认识、指导，从而解决或了结一切事理物情。

由于有界中万千事理物情的：

因因果果，生灭灭生；

复杂多元，万变众向；

终始交替，主从反成；

巨细顺逆，难能约归！

故于应合万理的三界观，皆可以之来一以照万，万而约一！且可将此三界观置放于任何物情事理之上，即任何理面，任何理层，任何理始，任何理终，且无论角度、交点、方向、转折等等都行。都可如日中天，立竿见影！

在有界、有无界、无界，在一切境界中，都可以理分三界，分了三界，当然还可以再分三界。注意了！既然三中含一，一中也含三，一中含三中的一，还可以再含三。事理无尽，理致无穷。所以，千万不要执着地看这些妙应万机的哲学问题。

天人合机

由于进入九宫架以后，方离世行，初即道行，易无易有，可出可入，故这个时候的变化最大。要出去可以，要进来也可以。当年宏真祖师的女儿，才十几岁，九宫太极手就练得炉火纯青！而清祖师好奇地与她一接手，就被她粘形吸气，如网套鱼，难以脱身！为什么？柔气可出可入，体用自然，妙应天机人欲！而且，一旦进入九宫太极手的境界，以后便天机自由，容易掌握。但要由九进八，就比较困难。

气生静动，架生缓急，内外成功，柔刚出势。

八法全齐了，这就是天然人道——天合人机，人合天机，亦即天人合机。

三　九宫演武

九宫演武： 　内运入道（无为体气，气化入道）；　道本武变。
　　　　　　　外发出武（有为用气，气变入武）。

即语： 九宫入道，阳以入阴，阴阳合道，气道太架；

　　　　九架出武，柔以刚出，柔刚成法，武道太手。

　　九宫太极架的气机，柔中有刚，刚柔并济。若内运而往里走，则进入**八周两仪桩**；若外运而往外走，则进入**九宫太极手**。这两个，正好一出一入，一道一武。

　　一道一武，在历来的传承中，曾相与并重，内外并传。何以故？古来道门的传承就是这样的，如果一个道门传人，光有道行而没有武功，那这位道者将来想道立世间、弘道利生，恐怕很难立足，因为世间诸多危险阻碍，将给他带来危及生命的挑战，若没有武功自卫，他自己的命都难保，更别谈什么立道的根基了。

　　历代太极门祖师，人人专修大道，同时个个又都是武功高手！凡诸道门内传弟子，如果你没有修成武功，师父就不会传你大道。

　　语云：有文事必有武备，两者不可缺一！过去交通不便，信息难传，若是遇上非常时期，万一遭遇乱兵歹徒，那时节你没有一身武功护卫，欲逃不能，欲打不会，岂不白白送了你这道者可贵的性命！

当然，一般而言，作为一个道者，你的智慧应当足以保护自己，如果你的智慧都不能保住自己的话，那你这个道，我看学得也够呛。而如果能够兼学武功，当然更好，有备无患嘛！习武之人，胆气更壮，所以大家还是学点武功好。

武练一站，书学一笔

大家都知道，在我这里学东西，都最简单，学书法唯学一笔，学武功只练一站。

许多学武功的人，学了几年基本功以后，都以为老师会教给他什么招式套路，手脚怎么拿架，刀剑如何飞舞，这些我都不教。为什么？那都是世俗的表演功夫，说得不好听，只要你武功根底好，一看就会，还可以自己编造。现在流行的那些套路不就是古人编出来的吗？

我自己的武学门庭，即宗学之师门，还是天门的内传功夫。天门传承，直至我学成出师门，乃至此后的出山拜祖，业师从未教过我拳技套路及兵器套路，也就是从不讲究具体的固定招式！为此，我曾就此套路之事问老师，老师一笑：你学的套路够多了，你想想，什么时候如是这般的用过它们呢？你如果真没学过，那也要学一点，当把式用，装装门面亦无不可！

老师的意思很显然，因为固定招式套路，全落有形有定，不如临机度势，随机应变有用。当对手之时，你有有，我没有，我就将就你的有，后发先制来打你，这多好！

第三章　九宫三变架

一　九宫三变

道太极架（自然无为，外架随气）；

九宫三变：　**武太极手（自然有为，发架用气）；　有有化有。**

术太极拳（使然有为，作架候气）。

　　道架第一

　　道架第一，九宫太极架，为太极门入法门之九阶道行，故为道架。它的主旨，一定是自然无为的。修炼九宫太极架之时，要求以形架随气而周运，不能有半点人为，更不能着架落形！所以，九宫真境一定是道行的外应架，而不可能是其他有为或半有为的功行动架。

　　有人会问，这个九宫真境指的是什么？如果说出它是什么，那就势必要涉及该境的内涵！而这是九宫真境之内秘，亦即九秘之一，即道家太极门"三功九秘"的九阶真修之秘，因其为秘，所以不能说。

不能说内涵，但是可以说大的宗旨及基本概念：当修行者在修炼九宫太极架时，如果自感已出九宫真境，已经入法门而得太极真修，果如是，则其形气神三者的修行，一定是没有半点人为的欲动。其三大觉受为：

神无为，则入气；

气无为，则脉行；

形无为，则架随。

形气神三者之中，关键在气，气得则上而神归，下而形随，中而真气自行。是所谓：了得一，万事毕！但能得气，自然一得俱来，两仪和，三才应，自得天然！

值得一提的是，由于没有半点人为的动作，外架之式皆纯由内气引运。一旦达到气架纯真的境界，是即：

内气纯真，外架纯应，架随气显，脉应架真！

此情此受，亦即九宫真境的觉受。所以它其时的动作，一定会气脉相引，架式相形，并且一定会与相应的二十四部大脉相应相合，相动相静。也就是说，脉的内涵将直接影响架式，此即九宫太极架所谓的"脉应架真"！

真正的九宫太极架出架的时候，大致是：

初则由无而微，由微而著，由著而甚，由甚而周！

复又由周而运，由运而应，由应而合，由合而灵。

这叫九宫真境，得此则于太极之修已谓之"入法门"。

武架第二

武架第二，九宫太极手，是九宫太极架所外衍的一种武架。自然有为，发架形气。故九宫太极手必然要从无为自然开始，要由道而出武，最后武才能归道。

这个道理很简单，如果你离道太远，要想回到道去，那可就非常难。道是自然无为的，所以，必须由自然而开始。自然而有为这句话看似矛盾，实际上也是一体的，可以合致，可以相协的。为什么？道理很简单，法自然，则无为；然法自然，人效其行，亦即有为！复自有为而宗向无为，斯乃可为无为。

修为九宫太极手，初时，先必须进入自然无为的九宫太极架之道行境态，然后在自然无为的气架状态之中，慢慢有为引气，由内达表，体以致用，才有可能渐渐引发、激发这体无用有之半有为气机，才有可能转而进入九宫太极手之体用修炼。

九宫太极手的半有为气机，其能自无而有，由体变用；亦必须由九宫太极架的基本气机，无以致有，转向导来，已而形动气应，作势气来，引气发架，发架用气，才有可能渐而进入九宫太极手之体用修习。所以，九宫太极手，属于半有半无，半是道、半不是道的两栖类架。

此间，九宫太极架与九宫太极手的气应，两者是完全相反的，你们看：

九宫太极架，外架随气；

九宫太极手，发架用气。

由九宫架而转发九宫太极手，本是无为自生有为，有为化生有为的必然；更是以体变用，化体为用的必然！这是因为自人类进入生存有为之后，特别是自人类进入有为社会境界且时久后，于无为有为，已是：

无为成理，故其行难；有为成习，故其行易。

以故，但凡修行九宫太极架的无为气架时，很多人都会有意无意地转无为旨，萌有为行，已而发为道门功行武道九宫太极手！

亦正因如此，人们今天才会承传到九宫太极手这样的道武武道，也才会普遍看到类似九宫太极手的，却与历来武术拳种不可同日而语的现行太极拳！

所以，可以这么来结言：

九宫太极手，是自然而使然之天成；

现行太极拳，是有为而人为之妙作。

合之可成"妙作天成"四字。

术架第三

术架第三，术武太极拳。术武，自然与道武不同。其外架内气，一是使然有为，二则作架候气，且自始至终，可谓是完完全全的皆系人为动架，拳架模式。

但是，后世之太极拳还并没有完全脱离传统，背弃道训，数典忘祖，而面目全非！为什么？因为既名为太极之拳，故犹部分保持着当年太极门传承的太极风范，还始终坚持着这几个绝似太极祖貌的行架原则！即如是四要：

松、柔、缓、匀。

这些原九宫太极手的基本行架模式，古风犹存，且未见错违！故若九宫太极手与现行太极拳双方邂近于行架之时，对照之下，想必双方都会有某种亲切感，会有某种"似曾相识"之感。

五百年前，我们应该是同宗！

可是，这种模式，到底是谁跟谁学的，谁先谁后，谁主谁从，谁本谁变，谁源谁流，由于现行太极拳早失传承，自然是难能知根知底。

好在今天，道家太极门已以中华太极学的文化面貌问世，此中原委，上可告慰历世太极祖师，下亦可大白于天下，而昭示乎后世之太极传承了。

在有界修炼中，目的、结果、要求，都是相对统一的。故每当我们要进入一个特定的修炼境界，就必须按照该境界所要求的相应的诀法去做，才能达到目的。

现行的术武太极拳，其昔年于教习时，便已离开九宫太极架之无为自然本旨，与九宫太极手之无为体、有为用之本旨，早已所剩无几，完全进入有为法行了；武功竞技方面，倒是基本传下来了；至于太极真修，则几无所传！

而且，其动架亦早已承古而今化，几经改易，面目全非，现在已是完全按人见、人为、人欲的目的去编排设计的完整套路了！为此，后世太极拳师们所传承的很多套路、架式、动作，殆已纯属有欲、有为之生，许多动作，一看就知道，盖纯为技击而设。这样的外架，当然不会符合九宫太极架无为自然而发的基本动作。

为此，现行各家太极拳的外架要求，与道门九宫太极架的自然无为大旨，几乎已没有多少关系。之所以要在这里特别点出这一历史差异及其改易，就是因为我们的一些太极学者，已经在将彼作此，闹出指鹿为马的大笑话！

听说有些太极学者，原来曾学过多年太极拳，一听说太极拳原来就是九宫太极架的外架演化，于是就想当然地去摹仿现行太极拳的架式动作，自由纯任，完整地打出了人为的九宫太极拳！还说，他已经入了太极修行法门，出完了九宫太极架的全架！有些人还一招不漏地把100多式打完，还说，这一切都是自发的。这样做对不对呢？当然不对。而且变无为为有为，完全执到太极拳的架相里面去了。

我们刚才说了，九宫真架的外象动作，并非人为已知的那些太极拳架式，而是无为自然产生的内引外架。这些动架，并非人之设想，而基本是与内脉攸关的牵引。这里，内脉的通和循运，直接关系到外架的动作，而外架的动作又反过来影响内脉，内外正好一体互应，一体互存。

三体三才桩

三才桩的动作，看起来确有点像太极拳，但是，三才桩与太极拳之间，却又有着很大的差异，甚或根本的区别。

这些区别是：

三才桩没有套路的设置，没有技击的要求，没有架式的艺术性，一句话，没有世用的目的！

可太极祖师们为什么会这样编排、这样传承呢？

可以告诉大家，**三才桩的动架，绝不是人为编排的！**

这是因为，**人为根本编不出来！**

如果是人为编排的，它将失去内脉的相应及诸表里效应。

人为的动作总是为自己的目的、欲求服务的，所以一个正常的人，不会有无谓的、无目的的动作。但是，**一切有目的的人为动作，与内脉无关！**

人如果要从有界体用着手，去创造一个动作的时候，那你一定是从有界的需要去考虑的，而你的内脉的运行，却不会因此而适应你、配合你。

只有非人为欲求的自然无为的动作，才能相应引发该内脉的共鸣；而内脉亦才能反过来引发外架，并时而修正外架，最终使外架与内脉相互体用，演化为相对稳定的气脉动架。而这也就是无为生化有为的天然动架。只有这样，人类才会发现、发生、发明这个能反复恒常的三才桩基架动作！

这套三体三才桩动作，是自然天成的；而现行的诸多太极拳套路，则皆是使然、人为编排设计出来的。

我们也不排除九桩口中的某些动作，确实与太极拳有点相像，如三才桩中人才桩的左右抱球。但是，这只是因为两者当初同出一源所造就，并不能说明两者的成因、内涵、体用等也都完全一如，因而便可以混说同用，这是不应该误会的！

不要混淆九宫架与太极拳

你要入修九架，就要忘掉太极拳的有为套路。不然，一不留神，神的记忆就会来给你开个玩笑。

因为现行太极拳当初本就是从九宫太极架化变出来的，虽然由于传承的演变，逐渐被历代的太极武师们因有界有为的需求而人为地改动了，动作也越来越背离了九宫太极架本架。但是，依然可以看出太极拳的许多架式基本还是来自九宫架的，还带着许多九宫太极架的烙印。

现行太极拳的外架虽说已重行组合，远非本来面目了，但习气相引，态势相招，两者仍很容易一拍即合，相与混乱，让你似是而非，架中分不清哪是九宫太极架化出，哪是现行太极拳在出架。这种情况，会让当境者，莫名其真，真假淆混！

太极拳祖架

因为太极拳的前辈们早就发现，太极拳祖架的架式，还是越古的越好。这是因为太极古架既简单，又容易得气、运气。而现代流行的拳架，把古传的太极祖架的内涵几乎都丢掉了，而且越往后发展，人为的改动越多，拳架的动作越形象化、艺术化、舞蹈化，而且还越技击化！最后，把个太极祖架改得面目全非，难能认祖归宗了！

当年我在常州遇到过一个太极拳的老师，90多岁了，他也说不上算哪一个大宗门派传承，可他的架子一拉开，就让人感到与众不同！他说他是跟随清代末年的一个老拳师学的，约有四十九手。我看他的动作中，有七八式很类似我们的九宫架。这应该说已经不错了！当时，我也不觉技痒起来，便道：我也学过老架，你看看，比你的如何？当我一走开九宫太极架道架后的传世太极老架，才五六式，他便惊异地叫起来，等等！你这是向谁学的？这套架子，肯定比我那套架更古传！

确实是这样，架子越老，就越古朴；架子越新，就越现代！可见，后世市面上演的架式，越来越多，也就说明离题越远，为什么？因为人为的成分必然也越来越多，失却自然天然，难能归本了。

所以，我们在讲三变架的时候，也同时把这个道理给大家讲清楚，顺便也说明一下，将来出了九宫真架，千万不要自己给自己影射一个太极拳的影子，不然的话，你可就把你自己害了。

二　九宫三化

九宫三化：

道架无为，无为真动，体气之架，乃为道行；

武架半为，半为功动，用气之架，乃为武道；

术架有为，有为运动，候气之架，乃为武术。

机语： 道非人为，为人难道，道应自然，自然应道；

　　　行是人为，为人易行，行落使然，使然落行。

拳秘： 缓慢为体，疾速为用，过拳为表，习架为用。

道架是无为的，所以无为出真动，是体气之架，乃为道行；武架是半为，也就是半人为，所以半人为是功动，是用气之架，乃为武道；术架是有为的，有为的动，亦即运动，故三者体用都不一样。

以气为师

九宫太极架不存在用的问题，你要自己去体会它，要以气为师，**让气教你，千万不要去教气**。如果它要让你怎么动，哪怕一个很微细的动作，你都要顺着它，不要去强求它。到了九宫架的境界，要去掉前面九个假动。大家知道，这九个假动也是你的动，跟你的各方面的习气、身体的状况，各方面的条件都相关，换句话说，这一切都是你的。

要想进入九宫真动的境界，说实在的，你首先必须克服自己的习气！就是说，你自己这么多习气，这么多已知预识，这么多身心的特点特色，也许将来都会成为你的障碍，所以你都要克服它。只有把这些全部克服了，它们都不来碍你的事了，你才有可能入境修炼，慢慢才有可能出道架。至于要进入炉火纯青的修为境界，当然更难。

拳架繁衍

术架有为，有为运动，它是摆架候气之架，故乃为武术。当年太极祖师张三丰把九宫太极架所演之外架即太极老架传人的时候，动作应该很简单，说不定只有三四十个或者更少，不会很多。后来在传承中间，人心好动，人欲好求，加以各方之需，终致越演越多，庞然自成体系。

中国有句老话，带钱带少，带话带长。拳术似乎也像传话一样，教拳长架，传拳添式！代代相与，越带越多。在太极拳的传承中，一人加一个动作，十几代下来，就凭空增加了十几手，数百载之积累，编撰有加，动作自然也就越来越多。这没办法，不加不足以填师欲！

昔孔子有句名言，叫作食不厌精。我看武术也该这样，应该提倡：教不厌细，拳不厌精！不然，就可怜了初学者，花了好几年的时间，原来还没有入正题！

自然应道

道不是人为的，所以说为人或者人为都难（入）道；道应自然，所以自然必然应道；道应天地万有，故天地万有应道。而行是人为，所以为人易行；行落使然，所以使然落行，这是相对而复相应的。

这里，我们说的自然，是指人的自然，也就是说是人见的自然，还不是天地的自然。

老子讲天道，那也是人见的天道，不是真正的天行之道。真正的天道，人类应该无法窥见，更无法确知；这是因为人类的感官功能，即这可怜的六识：眼、耳、鼻、舌、身、意，根本不可能接触到天，所以不可能有所感知。

存在是境界性的

通常，人喜欢用直觉感知事理，便贸然作出武断性结论，这是很不明智的！在六识中，人的眼睛，应该是比耳鼻舌身这些感官观感得最远的工具，所以人类总喜欢眼见为实，相信眼睛的诸多欺骗！

作为太极学者，知道真理是境界性的还不够，还要进一步透析**存在也是境界性的**；这里，既然存在是境界性的，那人类的知感呢？那当然也是境界性的！所以，人类的感知，往往是不入其境，便无从感知！

应该说：入境而不能感知者有之，而未有不入其境而能感知者！

习架过架

缓慢为体，疾速为用，过拳为演，习架为用。

什么叫过拳？过拳，也叫过架。什么叫习架？通常在武术的练习中间，门派中往往会有这样一种说法：就是老师在教你拳架的时候，会极其严格，往往要求很高！这种锻炼，就叫习架；而你向一般人表演的时候，那就不必特别认真，可以马虎一点，这叫藏颖。这种表演，就叫过架。过架只要求你做到自己真实水平的60%就可以了，而习架老师要求你做到你能力的80%～90%！

所以，传统武林的拳脚功夫往往是这样，自己练出来的绝活，一般不会轻易给外人看，因为自己真实功夫的练习往往不好看，而能表演给外人看的，那必然是美观大方、潇洒漂亮的！这也是武门中不成文的规矩。因为习武的目的不是给人看的！如果只能表演的，那就不是武师，应该属于把式。

慢中求真

比如三才桩，天才桩最后的往上升，地才桩的往下降，在练习架的时候，就要升够降够，但在表演的时候，就不要太够了，太够了就不好看了。

　　动作快慢也是这样，如果练习一遍三才桩要用一个半小时，那么表演的时候只要 30 分钟至 40 多分钟就够了。为什么呢？因为稍微快一点，动作才连贯、好看。

　　但是，三才桩练习的时候动作如果太快了，是练不出功夫来的，因为三才桩真正的内涵，就是：

　　于缓中求静，在慢中求真！

　　记住，气架的行持，从来就是：

　　依松出妙，守静升华。

　　注意，内气要靠缓之慢气架相激来升华。

平无结，缓无停

　　练习三才桩的时候，首先，动作要求平缓，即平、缓这两个方面！

　　具体的要求，太极门传承有两句话：

　　平无结，缓无停！

　　何为无结？行架时如行云流水，中间不能结断、停顿！

　　注意了，但有停滞，便为"落断"，便为架废，便为气失，便落空架！对！这就叫"起结"，动作起结了，说明你的行架还远未入行，还不够火候。

　　如果行架的动作中间有那么一点停顿，表明断了内脉和气架的应机，亦即断了气架的祥和生机！你修行中发生行架际断，那后面的接续，又谈何容易？这样的空架，传统中叫作死架！因为它徒有外形，而无内应神气。

历来太极拳的传承，太极拳的架式习练，究能有多少人及得此格的？其中但凡有依稀近似，便算得气，则此人必能大成！

无怪太极拳的师门传承如是感叹：

十年太极不出师！

习架要缓，这样容易发现自己是否有结隙，是否有际断。

比如练地才桩，在慢慢蹲下去的时候，如果是一节节地沉，像下楼梯一样，那就不行。如果练到像雁落平沙一样，那就漂亮了，你的气已经把你撑起来了，那才是好样的。

大家看过放风筝，风筝在天上随风飞舞，很平缓，就算风向陡变，它也会随风上下，不会出现一吞一顿的。为什么？风涨住了它。如果出现了，那就有可能掉下来。这也是际断，气断，失重！鸟儿在天上飞上去飞下来，它也不是断的，如果出现际断的话，它就要掉下来。

三　三变三化

九宫太架，化生八卦，名神力手；

三变三化：　九宫太手，化生八卦，名八极圈；　用有体无。

九宫太拳，化生八卦，名八卦掌。

指语：九宫道架，无而生有，名太极架，道门秘传；

九宫武手，有无而化，名太极手，道门秘承；

九宫太拳，有而变有，名太极拳，道门显化。

九宫太极架化生八卦，亦即九宫转八卦。这九转八，是从十方无极裆中开始衍生的。十方无极裆化出的刚道，名叫八卦神力手，大家已经知道了。

九宫八极圈

九宫太极架要衍生，分化了一个八卦，即八卦神力手。那么九宫太极手会不会衍生呢？那当然。九宫太极手也要演衍，由柔道化生出一个刚道来。那它衍化的刚道叫什么名字呢？既然它的柔道叫九宫太极手，所以刚道就叫九宫八极圈。在明末清初的时候，这八极圈和神力手一样，在江湖上曾极负盛名！

真是物极则反，盛极必衰，就因为八极圈的架势实在太厉害了，大家便相与保密而不轻传授！其结果，宝之正所以废之，爱之正所以害之！一旦承传不虞，遂导致这八极圈自清中叶后，终乃在江湖上失踪，且从此销声匿迹，不为人知了！所以，现在知道八极圈的人，那就更少更少了。

八卦掌

九宫太极手之后的行世太极拳，化生了一个八卦掌，这也算又一个衍生！八卦掌每一个卦的手架，又都能化生出与这八卦易象相应的、各种各样的动式而自立门户。

据我所知，过去在武林的传承，八卦门中已很难会集八卦之全门，此后则益见星落门稀。一般来讲，一个承传者，都只是学会了一门，能学二门而三门的人，历来就是很少很少的。

在现传的八卦掌中，乾卦，或坎、离两卦的卦掌，在武林中或许还有流传。但像坤卦、震卦、兑卦、巽卦等这些体用机数少的卦掌，或恐早已失传，现在好多人连名称怕都已不知道了。现在能够把八卦掌的八个卦掌全部打完的人，我昔年就没有碰到过，现在就更不用提了。所以：

九宫道架，无而生有，名太极架，道门秘传；

九宫武手，有无而化，名太极手，道门秘承；

九宫术拳，有而变有，名太极拳，道门显化。

这个说法，应该是指当年张三丰祖师传承的那个时期，不是说的现在和尔后一个时期的太极拳。当年太极武道的传承，与今日流行的太极拳相比，内涵差别太大了！现在的太极拳传承，已经失去了许多太极武道的内涵。当然，这也是历史的无奈吧。

第四章　道武太极手

一　九手演架

九架成手：
自然用气（气为武本，武因气神）；
自然发架（架为术源，术因架圣）。
道为武本。

志语：气应三界，气运武象，为而生动，功生术出；
　　　架合五体，架行技成，形而生势，势生力出。

九宫太极手名解

九宫太极手为什么把"九宫"放在前面，"太极"放在后面？太极跟九宫相距甚远，太极生两仪，两仪生四象，四象生八卦，八卦然后才生九宫。为什么反而把这个九宫放在前面，太极放在后面呢？

这是因为，我们是道行，无为生有为，有为必须归无为。

而太极才是修行的归终。

所以，九宫太极手，不能叫太极九宫手，九宫太极架不能叫太极九宫架。

九宫成手，天然用气

九宫成手，天然用气，自然发架。

既然说九宫太极手是天然用气，就不能用人为去催逼气的运行，不能用人为去引气用气。换句话说，九宫太极手之修习不能用一切人道有为，人的使然。如果不强调这一点，仅仅说怎么样用气，人们很可能习惯性地会人为地去催气用气。

比如说，我现在要动手，脑子就要用意念集中气机，放到手上去，用这样的方式能够让你身体的大部分气机集中到手上去，力量肯定会比较大，或者说功效要比常人的快。

但是注意了，如果一旦这样用，那就是九宫太极手的最下乘。为什么是最下乘呢？说这是最下乘已经不错了！因为凡是人为集中用气，只有一个结果，就会越用越竭，越用越少，最后人为地把气全部耗光，这叫什么？竭泽而渔！这样来进入九宫太极手的修为，叫"缘木求鱼，适得其反"。

如果不能天然用气，而是人为用气，就会一鼓而作气，再而衰，三而竭。反之，如果任其天机自动，自然以应，气就会越用越多。

所以，九宫手的九架成手以后，气为武本，武因气神，气是武的本，武因为气而神妙，但它一定要考虑到气的体用。

一个人如果只知人为，那就很可怜，因为他只会不断消耗，把人机所得的自然的老本全部用完了，后面要想入道修为就不好办了。因为道行修为也必须是天然的，也需要养颐自然的气机，这是修为的本钱。而一味人为用气，把入道修为的本钱花光了，要重新养气培本，不知要养多久？

所以，在修炼九宫太极手的时候，一定要养成天然用气的习惯，这样气机才能跟天地一体，源源不断。这个问题很重要，千万不能掉以轻心！我一再提醒，是因为要帮助大家去对抗人欲，因为人性好有为！

气应三界，九手应武

九宫太极手有内修的一面，更重要的是它有应武的一面，即要适应、对应、因应武事的需要！由于有应武的一面，这就涉术的问题，既然涉及术，那肯定要涉及架式！

所以，九宫太极手的架和术是一体相应的。这就是，术因架而圣，架因术而能！

总体上，道是武之本，如果道不足，武也就不足。你平时尽管有很大的力气，在这个时候，你是用不出来的，因为九手不许你用力，不许用世人用的那种力量。

气应三界，根在无界

气应三界，但是它的根在无界，因为根在无界，所以才能合天道，如果根在有界，那就糟了，因为凡诸有相，皆是虚妄，若气不落有，它无相，就不会穷竭；只要落入有相，再盛再强，都有穷竭的一天。

所以，如果在用气的时候，感到气很大，你要注意，感到的这个气机已经落有了，要不了多久，就耗用完了。那时，它也不大了。

九架应招，不应而应

九架的应招，是不应而应的，如果能进入不应而应的境界，才能真的天然用气。但一个人在用气的时候，总是希望把气集中起来发出去，要集中发气，就须先集中意念，而运用这样的方式用气，是九宫架、九手的最大忌讳。因为这是常法，常人都会做的，所以它也是人类的常性！如果这点不改变，就无法以武入圣，进不了武道之圣界。

圣界是不无之无，不用之用，说起来很抽象，听起来不知所以。我看大家的眼睛都没动，没听懂。这不要紧，将来你们能修入如是之境时，进入那个特定的九手修炼境界时，就会有感觉，有猛省！这以后，我一点你就会。但是，改变习气难，这就需要从平素的修习中注意，逐渐改变自己的习性。

太极推接手

现在的太极拳应用练习方式称为推手，但在太极九手不叫推手，而叫推接手，推在前面，接在后面，而接字比推字更重要。推之所以能发挥威力，其妙在接！故曰：推巧妙接。

一般来讲，人在推手的时候，往往想如何用气把对方推出去，如果你在推手时，要把气推出去，就会把气用出去，落有而竭，这就是刚才说的有应而应，必落无应。这是常人都会的拙事，很可能很快就会把气用完，最后人家一旦发气，可你已经没气了。

九手的推接手，在初阶的时候，让你慢慢适应黏随，这时还在形上的推和接，但是，到了用气接的时候，就不在形上，而在气上了。推手落形，接手以气，已经不落形了。那个时候，你要用气来应，即对方出我才出，对方不出我不出，对方气一来马上就应，而且是自然以应，我不想应它而自然应它。

这到底是什么感觉呢？因为这感觉，你现在还体会不了。我可以先说结果，如果长期这样我不应他，让气自己应，久而久之，人机不动，天机自动。当人家一旦出掌出气出架，只要你一感应到，你的气就会自然以应，你不想它来，它自然就来了，而且恰到好处地制住对方，这叫不应之应，不用之用。

所以，天然用气的本意，是指：

不人为用，借天机使！

如果要人为地去用气，那不能进入自然以应气的感觉境界。这是九宫太极手体用的基本内涵，大家必须细细琢磨，心悟体行，去人为之使然，行自然之天然。

天然用气：怎么打的我不知道

练过武功的人都知道，两个人在技击、放对、应敌的时候，对方打过来了，如果我还要想一下怎么样打回去，这是最下乘的！可以这么说，这是一切动物的本能，不光是人类的本能。

但是，九宫太极手应敌不是这样的，九宫太极手是不应之应，从形体上来说，可以说是自然反应或本来反应。当此时际，你打过来了，我知道；你怎么打过来的，我不知道！反正你打过来以后，我自己好像自动就打你了；且怎么打你的，我还是不知道。这样说，有点不合情理，因为这是天机；如果一切都在预料之中，那就是人机了！

在不知道的状况下，把对方打倒了，好像我不是主动的"我"打他的，而是我的那个"他"打的对方，这个"他"好像又跟我是一体的。如果能进入这样一个境界，再跟人家推手，可以这样说，对方那是防不胜防，而你则是不防而防；对方忙得应接不暇，你却不应而应，莫识其妙！这就是九宫太极手的天然应机，自然而然之反应。

因为我根本不主动应敌，所以敌方所有的动作我都能应。一个九宫太极手的高手，对敌应机之时，似乎进入一个浑身虚空、恍如无我的境界，对方真的要全力以赴击发你的时候，他会觉得你浩如空谷，根本没法找你，人在哪里都不知道；你要击发他的时候，震如山岳，他根本退无所退，避无所避。

要进入应而不应的境界，就需要这个：

天然用气。

这四个字，其妙处在：

看似简单，然悟之难；用似简单，然习之难！

这也就是九宫太极手体道用气的口诀。

九手体用，妙在自得天然

九手的体用，其妙处即在自得天然。人家看你对招，好像无所谓，结果只要一接，对方霎时间就完了。而且，你自己还真的不知道是怎么打的；对手更是莫名所以，他也不知道你具体是怎么把他打了的，可谓莫名其妙！是啊！这是你的那个"他"打的！不是你打的，你当然也不清楚了。如果你很清楚你是怎么打的对手，出的什么招，用的哪一处的气，这反而落了下乘，失去了九宫太极手的高妙了。所以，清楚了反而不对了，不清楚倒是对了。

如果你能做到，就能够入吾门庭，登堂入室，不应而应，妙用无间。如果你仍执着人为使然的人道欲求，那就会离道益远，终身难窥大道门户！

天门武功：梅花九点

回忆我在学天门武功的时候，诸多感慨，真是：

昔日酸心事，一齐上口来！

有一个阶段，老师对我特别苛刻，没事不是打，就是骂，形同故意找茬，好来借势折磨。

归告父师，父师一笑：令师这样做，一定有他的道理！自己注意点就行了。半年以后，有一天他忽而笑了，摸着我的头：小子还可以，骂不开，打不走。行，现在开始，我好好教你，你好好学，要准备吃苦！

我明白了，原来，这是老师在考验我。后来才知道，这是许多挟技自重的老师，必然有的验徒试举，以免徒耗光阴，误传非人！

我当年的天门老师告诉我，形上的招式，也是不应而应。

天门武功的梅花九点，一招出去，就是九连环，九朵梅花。这一上来，手风到处，势如疾风骤雨，"叭叭叭"内劲内气，外架外动，内外相激，只在斯须之间。若对手是个不知道就里的人，还想双手舞动招架格挡，这可就上了大当了！因为天门这个梅花九点就是设在招架、闪让、遁逃这三大本能招数上！即常人所惯用的那些习性反抗上的！到那时，只怕你还没找到地方架闪，还没使完这些对招，就已经鼻青脸肿，胸腹中掌，昏迷倒地了！

梅花九点能臻达如此神用的境界，当然不是一般武功武术的那些训练所能达到的。其实，它的由来，它的习练，即是：其内气内劲，其行架发架，其势动气动，其收发转旋，皆颇似我们的刚道八卦神力手！两者的差别就是：

八卦神力手是整体修习，而梅花九点是定点修习。

好了，我这么说大家就应该明白了，梅花九点之所以厉害，就在于它一旦发势出手，立即进入这种半失控、半疯魔的狂躁状态！这种打法，一般武功武术，又焉能抵挡？至于那梅花九点的修习，它是怎么入门习修的，大家知道吗？

生：自然而然，无为而为。

生：松、柔、缓、匀，以待天机。

生：气架两合，架动气生。

生：气动架随，气盛架狂！

猫闪狗让

身法怎么练呢？地上画个圈，你在圈里站着不许出来，对面一个师兄拿着棍子戳你，随便你怎么闪，就是不许出圈。师兄还好对付，等到老师亲自来拿棍子点你戳你，越点越急，越点越诈，这可就真是要考功夫了！能避开就算完成了？别急，这还只是身法训练的一种。

就这样三个月下来，你只要一看到棍子戳过来，轻松一闪，便让开了。学到这个算什么本事啊，知道吗？告诉你，这只是学了狗让！你们看，狗的让式，是动物中最好的，拿个石头打去，狗看见石头飞过来了，身体滴滴转，就差那么一点，让开了。所以过去武林中管这种身法叫猫闪狗让。

形气一体

前面讲了九手的用气是无为自然以发，无应自然以应，现在我用形来讲气。形和气本是一体的，气中也含有力，气和力也是一体的。明白这个道理以后，就知道在用招数的时候，我是将就你的招数来对应你的招的，你的长，我刚好避开，而你的短，我刚好就势填进去，正好填了你的空缺，不多不少。大家说、这像什么？

生：水。

师：对，像水，阻挡它时，它就绕开，这就是《易经》上说的："易穷则变，变则通。"易道穷尽无路了，没办法了，则以向变，一变则转而道，这不就通了？太极圈不也如此吗？你有直逼，我能横让，身形略一转侧，就绕过去了。如果你能进到这种境界，你在形体上的让就变化，也能够妙应无穷。

实际上，武术要说简单，也简单，我把这个内秘一透，将来大家都会打架了。不过，学武不可轻易拿人家试手，你若把人家打个鼻青脸肿，人家会找你算账，现在是法治社会。普通人练点武功，对自己有好处，第一强身健体，身体好一点，气魄强一点，病也要少一些；再一个遇事心里不会害怕，这叫什么？有恃无恐。

道行墩子

现在大家练九宫太极手，一方面强健体魄，再一个对修道有好处。九宫太极手在我们太极道行的术语里面叫"墩子"。什么叫墩子？比如我们走路，这条路很长，走累了上不去了，就需要找个地方歇一下，这个歇的地方就叫墩子。

那为什么在九宫架的修炼时，要有这个九宫太极手做墩子呢？因为十方无极裆进九，那是最困难的！弃有入无，不合俗情。一般来说，在预阶的十方无极裆发九个假动的时候，可以说极其轻松，你不动，它自己就来了。

比如说发病动，谁不会发病动，我们在座的都会发，为什么呢？因为每个人都有病啊，你敢说自己没病？凡说自己没病的人，病都很重，这就叫讳疾忌医。说句笑话！

但要修进九宫架去则很难。这老过不去怎么办呢？你如果有兴趣和天赋，可以练习九宫太极手，在这个岔道上歇一会。不仅有益道行，同时又学了武行，更没有浪费时间，这才是一举三得，何乐而不为？

这些道行中的墩子，还都在道行阶次的单数上，而且，每个墩子都不一样，各有自己的内涵外象，功行体用。

无极桩功用

九手里的无极桩修为，能帮助改变你的很多坏习气。特别是你在九个假动中间所造成的各种坏习气，可在无极桩的修行中间，尽量给你清洗干净。所以，你的无极桩能基本过了关，碍习没有了，九架也就容易出来。

这九手之出，确实是个好墩子，在这个墩子休养一下，修炼一阵，确实很重要，它会让你顺利地进入九架入法门的修炼。这里，休息的时候如能顺手牵羊捡点武道功行本事，也很好吧？何况有些功行还真管用呢！

现在在座的要说练武功，你们年龄都太大了，但是练九宫太极手还不老，只要静得好，放得松，功夫照样可以长，20年以后，你这老头儿也许就是太极高手了。到时，你跟人家推手，他还没推倒你，他自己就先出去了，他还不知道怎么出去的，你也不知道他怎么会出去的，那才真叫搞笑呢！那时你就会说，这是气应的，可我没应，到底怎么回事，我不知道。是气场干的，我怎么会知道？

有些事不知道，比知道做得好！

记住这句话，将来有大用。

那为什么气会应他呢？

（生：他有气。）

是他有气，他没气你还不好应他，这句话说得对，如果对方真的没气，你还没办法，你来气，我不来气，我看你怎么办，那真的没办法，这是一个方面。关键的呢？

（生：气的反应要比意的反应快得多，你有一个对，马上就给你一个相对的。）

为什么？

（生：气像水。）

还有呢？

（生：气要比人的意识聪明些。）

聪明本来就是气，记住这句话，聪明智慧与人类气场本来是一体的，本来就是气。人的脑筋用久了，两个眼睛一定，脑袋没反应了，说什么他都不知道，智慧出不来了，这就是气耗损太多，不足敷用了。

九宫太极手关键：重心

九宫太极手还有一个关键：重心。

人体有一个重心，和天地是一体的。天地间凡物体都有重心，重心是维持物体稳定的关键。而人的这个重心相当重要。九宫太极手的重心要特别训练。这里，知道这个重心和不知道这个重心，那可就大不一样了。

每当你在交手的时候，对方的重心只要一偏、倒向你，你就会自然避开。比如我站着，别人一挤，往我身上靠，我马上就会闪开，这是人的一个习惯，也是为避重压的自我保护。或者说，天生的一个习气，而这个习气，我们身上的气也有，所以气会应及，只要重心一倒，它"啪"就给你一下，所以它能够应无穷，随便从哪个方向来，它都能妙应无穷，一无挂碍。

二 太极立拳

太极立拳：一气应武（静动相须，内外相生）；
八架立术（柔刚相济，缓急相应）。 古手今拳。

则语：道成八法，八法入道；武应八法，八法出武。

八法九宫

学过十方无极裆的人都知道，在太极生两仪后，肇生动静；肇生动静以后，对生缓急；对生缓急以后，质生刚柔；再合之而生内外，由是而成八法。八法四维，而成有中；四维有中，终成九宫。有了八法九宫，立拳也就容易了。

九宫第九个是：定。

道成于八法，武也应于八法，因为道武之道，本属于道。可以这么说，八法包括了所有的动，是所有人为运动的分类基准，只要是有相的动，皆不能逾此八法，而八法的支柱，中正之常，也就是这个九宫的定。

定，就属于无极桩的重心

定，就属于无极桩的重心，也就是九宫太极手的重心。如果在修炼中你一旦找到了自己的重心，我它一体，形觉一用，那就能身如场引，稳如泰山！哪怕你是一根筷子，站在那儿都不会倒。

生：一动就倒了！

师：对，筷子有一个缺点，就是不能活动，不会随时转移重心，所以一碰就倒！可人就没这个缺点，人是活的，所以人就能够掌握重心。人可以移动身体而重建重心，就像头顶旗杆一样，只需移步相就，保持重心，旗杆就不会倾倒。对人体而言，道理也一样，比如，你碰我一下，我重心偏移了，没关系，我只要相应地移一下，这重心不就移过来、又平衡了。

重心之重要

说到掌握重心，有人会说，这个谁不会，这还用练？人体能直立站稳，不就是掌握并调整重心的结果吗？

说得对，可只对了一半，而且忽略了最最重要的那个另一半！这个理由很简单：

一般人对身体的那点自控重心能力，本来就是在日常生活中习得、形成的，所以只能适应一般日常生活境界中的活动，或某些运动中的闪失。日常生活中偶尔因不注意而发生身体的重心偏移，一般人都可以通过身体的自动反应而调整过来，即便调整不好，最多也是打几个趔趄，或者辅之以前手撑地而已。

但这样本能性的、常人都具备的自控重心能力，怎么可能去适应武技搏斗中千变万化的非常态下的武功架式、武术招式呢？当然不可能！

即使是年轻力壮、身手敏捷者，际逢武技搏斗的非常之变，亦无济于事！为什么？当对手是武术训练有素的高手，与你对招之时，首先是击打改变你的重心，若你脚下不稳，重心一失，身体失去平衡，任你力士金刚，也用不出力，使不出招来！只有倒地败北！这就是掌控重心的意义所在。

故凡习武之人都知道：未习打，先练桩。这先练桩为的是什么？当然是为了将来脚下有根，免得底盘不稳！但这还是刚性的以力掌控重心方式；而柔性的自然掌控重心法，即是太极门武道历来秘承的重心修合法。

太极门秘承的重心修合法

有人会问，为什么武林中各派都没有这个传承，唯独太极门才有呢？因为古来只有道家太极门才是以自然无为、松柔缓慢行架的！而且，只要你一用后天拙力，就不可能再用松柔、自然的方式去掌控身体重心了。

因此，自然应合身体在运动中的中正重心，便成了中华太极武道的基础必修课！这点，请大家务必注意九宫太极手中太极九桩口的、特别是一本无极桩的修炼要点。

所以，一个已找到重心应合体验的人，与一个完全不知道自己的身体居然还有重心应合这种特殊性的人，差别就太大了！因为前者可以由觉知有重心而进入无为自然修合把握重心的境态，并可不断自然地移易体位而保证重心的中正；后者则直到被人击发摔倒，也还不知为什么自己会被摔得这么重！

九宫基准的中心，就是定，定也就是人形质体的重心。

纵观武林，除昔日之道家太极门有此传承外，其他武林门派，皆无此传承！太极拳的传承中，有的宗师也知道重心的重要，行架中时复注意，惜诀焉不全，故罕有难能承传者。

五行桩为用

现在简单讲一下静和动的相须。

因为八法是九宫太极手、用武技击内涵的关要与关键，如果要我详细讲，可能要三天、甚至更多。静怎么样制动，动又怎么样制静，八法的交互，你用缓的、我用急的，急震怎么相迁，缓定怎么相制，这里面，传承有一整套的学问，这是九宫手的技击内涵，故特别丰富多彩。

有些九手内涵，将来在传授五行桩时再讲，因为五行桩是用，许多体用妙技都必须讲。五行桩分五个大桩，桩下应合五行之变，故又可分五五二十五手。其间，纵横奇正，逆顺进退，生克制化，不断演变。

这是因为五行桩的架构设置，主要是为了演衍这些技法的体用常变而精心造作的。一般从形架来讲，如果修习五行桩能够出神入化，那你在人身形体上的诸多妙用，体能肢巧，当已体悟得八九不离十了。

我当年学天门武功以后才知道，形体上体能肢巧的诸多妙用，五行桩已大略毕具；至于其中某些特别的地方，或某些关要的地方，五行桩虽然没能完全包括，但也八九不离十。我自学了五行桩以后，才慢慢发现，太极祖师们显然不是专门以武来立门的，但在这一点上居然能达到如此水平，说实话，真是相当不简单。

太极门不是以武立门，而是以道立门的。它是道，不是武，武只是它的副业，用不着专门下心思去搞，但就这样，五行桩也编持得那么好，真让人感到意外！其实，这就是智慧，这就是大道的天然。

想来，也许有些太极历代的祖师们，一辈子都没打过；而另一些祖师也可能一辈子都在兵荒马乱之中，难免或有可能被迫出手。但是一般来讲，修行人不会好勇斗狠，争强好胜，闹出风头。除非你犯着他，他实在过不去！不然，你不犯他，他都不会出手。特别是到了祖师的位置了，他还跟你小辈打，成何体统？就让你打两下，也就算了，还能与你拼个你死我活？不可能的。这就是武德。

昔年我就此说过三句话：

道人要脱巫气，文人要脱酸气，武人要脱蛮气！

大家知道，我也这样。平时从不出手，谁找我打，我也不打他，从不愿因比武结怨。只有一个，及门学生要求和我比武的时候，我才和他真过招，要看看他的修炼功底。这是因为：

师父领进门，修炼靠自身！

自然之应

记得 1996 年，成都有个跟我学太极武道的学生陈虎要去美国比赛，临走的时候，他说："老师，我要走了，想和你再比一下！"我说："可以，那就来吧。"我仍端坐不动，他身影一起，迅即一招，当头当胸，连环袭下；我一应，砰！弹了出去。

他气馁地说："还是不行，我不去了。"

我一笑点头：可以了，去吧！以你现在的水平，若是真打，相信输不了！走江湖嘛，朋友多一个比少一个好！友谊比赛，那要让点，给人家留点面子！知道吗？他才高兴地走了。

你们别看他一招都过不了，但到了美国，一连拿了八个冠军！人人倾羡，个个赞美，报纸报道，电台采访！加上年轻漂亮，后来成了武打明星，身边一大堆女孩子追……（众笑）

有人问他，你的功夫这么高，跟你的老师差不多了吧？他说：我跟老师，打过多次，还是一招也过不了。

哎！你们一定想说，是否我太保守，没教他真本事？当然不是，这里面的主要原因还是因为我了解他。平日里，关键之处都是我点的，重要手法都是我教的，我一看他的来架手势，便自然应手，这"自然之应"，当然也是一个重要原因。学生中还有几个全国武打冠军在我这儿，他们也都是一招过不去，就是这个原因。

刚才我说了一句话，大家好像没听懂，我是"自然之应"，也即"无应之应"，而他们是有应之应，这就是：有为打无为，无为应有为，有无相比，所以才会这样。

在传了他九宫太极手以后，他已能体会到三才桩的气架境态，但是，他心里总是疑惑，这样柔缓的架式，能打人吗？其实，众所周知，这也是历来学太极拳者许多人的疑问或观点：太极拳怎么打人啊？

1997 年，我第一次到美国，陈虎希望跟我再试一试。他说："老师你用太极，我就用快的打法，试一试，看太极怎么打人？"我说行。他说"你不能用力啊"。我说我注意不用力，你看我的手是软的。

立定方位，他冲上来就打：啪啪啪，我一瞧！他的身上、脸上、许多部位都被我柔软劲力的回势弹伤，我要不注意收含，怕真要鼻青脸肿了！

他激动地说：我终于看到了，你的手就跟弹簧一样，对！就是那句，起复引弹：

压之软，弹回硬！接手慢，反手快！

现在，我终于明白太极为什么能打人了。以后，我要认认真真地苦练三五年，争取尽快得到太极门九宫太极手之武道真髓！

柔中之刚，方为至刚

有志者，事竟成！

武，必须不断勇猛精进，才能更上一层楼！我也希望其他学生们，包括学刚的、学柔的，都能早日步入太极武道的最高殿堂。等你们将来真的进入九宫太极手的修炼境界，而且能够练到至柔境界，这至柔就能至刚，自然柔以成刚！你们看，天下之力：

强劲易出，柔弱难行；迅捷易练，缓匀难成！

这就是武功的理，也是道行之理。因为唯其缓柔，才能刚疾！大家注意了：

慢中之快，乃为极快；柔中之刚，方为至刚！

犹如水，唯其最弱，而水势最强，且无往而不活！

招落三境

气应三界，招落三境，这里的三界三境，指的是太极哲理的三界，即无界、有无界、有界。气和招的体用，当然是在无界的最厉害。

招已显现，即为入有。入有界即已经落相了，一般都容易看清，容易对付；

招已形含，然含而未出，即还在有无界，隐而未显，一般人看不清楚，当然不好对付；

招未形势，一切尚未，则尚在无界，在无界当然就更看不清了，焉谈对付？这就是招落三境的含义。

而我们说的太极九手的无应之应的招呢？都在无界，还在未势之中，无所欲动。如果你没有出，我根本不出，就没有动作。如果你突发急招，那我就即应即对，以无制有！

我当年习武与人较技时，众人总是先作架式，而后出招；我却与众不同，凡与人要抢手之时，总是就这么侧身背手一站，清清静静，十分悠闲，目视前方，若有所思，根本不看你！

直到对方拿架作势，且要等到他已冲到我面前，挟风带势、狠猛出招时，我才就地一变方位，乘机一应，砰或砰砰！对手倒地了。为什么这么简易？因为，对手已有三失：

招落有形，招用已老，招落我境，故我可以后发先制！

对手这时，即使想变，也已来不及了。

因为，我的应机之发疾如闪电，迅雷岂容掩耳？

如果对方也是真正的高手呢？既是高手，那他就能避开；再走上两个照面，大家都不打了，彼此心照不宣，一笑拱手，大都成了朋友。

其实，这也是一种道，武功臻至道的境界，那招数进退，彼此皆已了然于胸，要比的就只剩比内力、比功夫了。

说到功夫，不外乎：

刚柔两道，缓急两法，巧拙两用。

还有没有？没有了。

太极武道，武道至尊

九宫太极手，它看起来属武、讲武；但是，它讲的武，不是武林中所指的武，纯粹的武术，而是道；甚至是最高的道，也就是武学中最高的道——武道。

有人会问：太极武道为什么就敢称最高呢？理由同样很简单，因为它出自九宫太极架的道行；它的宗旨是：

无为自然，至松至柔！

但凡武林中人，谁都知道，这样修炼出来的功夫，毋庸争议，一定是最高的！这就像修道门中的有为法与无为法一样，无须辩驳，无为乃是上乘大道！

道，固高也，但成功之高下与否，则又在乎其人，不在乎传承矣！

静能制动

静能制动，是因为动虽然很快，但是在快中而至快极，这就已经入老势了，快复何用？静虽然不动，但伺机而动，才能恰到好处！且静中之快为极快！以故武道皆以静能制动，动中易咎！

关键的要素是静中等待时机，而且要懂得掌握最佳时态。如果你在别人的招式、架势还没打完的时候就忙忙地出动了，这就成了以动制动、以新制新，这就得比功力技巧了。如若不敌，那你就要吃亏了。

故以动制动快则胜！但快而力，未必有机巧，机巧善变就先胜一筹！这就是以静制动慢则胜。后发制人，妙在变化。

老手打人闪咫尺，新手打人舞天边！

但是，咫尺发力，非等闲所能用。

所以，静中之动为真动，慢中之快为真快。

动以制静

动以制静，那就要调用他动，我以动诱来引制你。你一动，我马上就变，动动相变，以胜动变。就是说，我用动动的相变，来胜你的动变，我以两动胜你一动，这是以动制静的方式。

你现在是静的，我一动，你马上一应，你的静中之动很快。但在你快的同时，我已经变了，马上用两动制你一动，这是初阶的以动制静的方式。

由于我自少放对，就是待机，从不先发制人，所以后来即使碰到假动来引诱的，我都置若不见。也就是，你不到我面前，不入我境，我照例不理；一旦你真能入来，那可就不客气了，无问虚实，皆以实对！

内外相制

一般来讲，内气打人比外气强，但是，外气打人比内气快！此间如何比别？这就要看你的气是在自然以应的状态，还是在使然以应的状态，两者往往相差很远。其若外气胜内气，但内气以应就生外气，就看二者之间怎么化变取舍。

动作在内，比在外方便。

什么叫内外呢？比如，他的攻势是由外向你包抄过来，那你就在里面，而他就在外面；反之，如果你的内，能够在短距离制他的外，而且能制到他的要害之处，那么内也就是外；如果你制不到他的要害之处，那么外也是内。所以内外是一个对待。

如果你作为外来包抄他，你要注意了，你在包围他的时候，一定要花三倍以上的力量，或者说三倍以上的方向。

所以，内以应外距离短，是弓弦；而外以应内距离长，是弓背。一般来讲，高手都是以静、以内来就机制敌的，故静和内是九宫太极手用武方位的根本大法。当然，这里指的是以一对一的放对方式。如果是以一对多，即临大阵的大战，那又当别论。

刚柔相对

就常理论，刚胜柔，但从变来讲，柔胜刚。柔刚相胜，要看各自的条件与机巧。

九宫太极手是以柔胜刚，因为柔能千变万化，而刚则变化少。所以，凡是刚的、烈的、快的，这类武功，你一定要用柔的、缓慢的方式来对应他。如果你也跟着他跳，跟着他转，那你就糟了。

为什么呢，这叫狗撵兔子。狗一追兔子，兔子拼命跑，狗也拼命跟着追，两个都疲于奔命，就看谁的体力好。当然兔子不会是狗的对手。兔子身小腿短不说，它的心脏也不好！又由于双眼长得太开，顾了两边及侧后，顾不了前方的中间！所以跑得太快的时候会方向感不好！不然，怎么会撞到树上去呢？有句成语不是叫"守株待兔"吗？

明白这个道理以后，你就反其道而用之：他用刚之极，你就用柔之极，他用快之极，你就用慢之极！这样，从时机来说，他已输了先机、先招。

你们看，两个人一对招，一个人全力以赴，不断发起进攻；另一个沉着应对，不慌不忙！如果此人总能沉着不动，那可以下这个结论：让的这个人，最后要胜。

为什么呢？我先让你跳，我在边上看戏，等到你累了，跳不动了，这下我该收拾你了。

练武有个规矩，不管是表演，还是比赛，开始的时候，千万不要全力以赴。

你看现在表演武术的，不管是表演徒手拳术也好，表演器械也好，常常是：一出场，刀枪剑棍"啪啪啪"很来劲，但过几分钟后，大都没气了。

什么原因会这样？这是老师教的问题。

如果是有经验的老师来教，平时就会给你三个准则：

首先，练习拳的时候，我严格要求你，但在表演的时候，我只让你用百分之三四十的力量来表演过拳过架。

其次，你表演一套拳，平时练的时候让你连续打五套，但表演时，却只让你表演一套，观众热烈，最多再重复一次。这样，观众看你依然是精神抖擞，英姿勃勃！

最后，开始出场的时候，行拳路数，可以松缓一点，松招缓架，不必太卖力！然后才越打越紧，最后更要越打越快！只有这样，才能把大家的情绪调动起来，越看越高兴，最后真是眼花缭乱了……突然，"啪"的一下完了。只要有真功夫，相信一定会全场轰动！

这多妙，这才是表演！大家知道，好吃的东西不在多，多了就不好吃了，什么事情都是这样。看武术表演实际上是眼睛吃东西，不能多吃，一饱百不思，多了，味道就不好了！只有少而精，才能保证表演成功。

高手过招

放对中的高手抢手，也是这样。当年我看过几个高手过招，后来我自己也过招，可以告诉大家，高手是怎么抢手的。高手过招时，双方一见面，大家都是平若常态，没事人一样，有者落落大方，笑容可掬。一开言，都是请指教！请教诲！十分客气！

看看时机到了，然后双方拱手相请：请。双方这才退后几步，立定方位，静观对手。一会儿双方调气作势，杀机陡起，目光冷峻，开始移步转圈，围着场子走……渐渐双方越来越近，突然！"砰砰、啪啪"人影倏忽，胜败已分，完了。这时，结局也出来了，鼻青脸肿的，关节脱落的，倒地不起的，爬着回去的，该看到的都看到了！

不是内行，怎么打的？根本看不清楚。

只有银幕上的打斗，才会装模作样、装腔作势！因为电影电视，特意演得那样热闹，那是表演给你看的，不打不热闹，谁还看呢？所以打斗还是假戏真演的热闹！

有个电影叫《双旗镇刀客》，不太出名，可能大家不太知道。拍的时候，导演算是别出心裁，或者是已经想到了这一层，想表达一种特别的武打方式。这种模式，在其他影视中真还不多见！

打斗的形态是：两个人面对面站着，对视不动。等到要过招时，两个刚一接，刀光一阵环舞，完了。二个人对立不动，一个额头上开始流血，你一定以为不流血的是胜利者。过一会儿，刚走不远的那个胜利者，蹲下去，断了气。

这种表演模式，别开生面，就比较接近高手的对招！高手比招不会劈劈啪啪地打个不停，没完没了。他要么不出招，一出招就绝对致命！当然，致命并不一定是要对方的性命，但是，大凡出手，就这一下，你就起不来了，至少说在一段时间内起不来，也不可能再起来打斗了。为什么要出手那么重？因为，这不是闹着玩的事！

三　太手气架

太手气架：
气以行架（气应其神，神气合道）；
架以应气（架合其形，形架合武）。
气用架应。

契语：无以生气，气行架随，用气先神，功生自然；

静以生架，架动气应，用架先气，力成自然。

关键是无以生气

九宫太极手的气架，是气以行架，但是要注意，用气是天然用气，气应其神，才能神气合道；架合其形，才能形架合武，所以说，气用架应。

无以生气，这很关键，生气一定要让它自无生有。

怎么样才能让"气"自无生有？对，一个是静，一个是松，唯有静和松才能气自无而生有。静和松在哪个架上练？对，无极桩。

无以生气，静以生架；气行架随，架动气应；用气先神，用神先念。

这个念不是让你去用意念，而是让你把意念集中放在松和静上，这样才能达到凝神，进入抱一还虚的境界，最后由太极而生两仪。因为气是两仪，它已进入阴阳了。

静以生架，架动气应，用架先气，力成自然。

这个理一定要搞清楚，搞清楚以后，对你今后在练的时候有很大的指导意义。如果这个理的意义没搞清楚，那容易混，到时候就莫名其妙，不知道怎么回事了。

越注意外架的修饰与改革，也就离太极之道自然、无为越远，也就越难入太极之堂奥！

四　手拳之变

手拳之变：无为手象（无为而为，自然以手）；　　　道手武拳。
　　　　　有为拳形（有为而为，使然以拳）。

释语：道武以手，自然应气，松手气和，太极真武；
　　　世武以拳，使然应力，紧手气僵，太极假拳。

太极手改名太极拳，迷失太极真谛

九宫太极手，原来为什么会叫太极手，不直接叫它太极拳呢？因为当九宫太极手之世，那时还没有太极拳，太极也不会有拳这个概念。

那为什么九宫太极手以手名而不以拳名呢？这就是自然与使然的根本区别，手是自然自在表现形式，拳则是使然人为表现形式！道理很简单，因为手，放松自然、似伸若屈的手，才是人类生理体型的自然形式，而拳，必须人为才能做到，故拳是人类功能的使然形式。

大家想想，在你睡觉时，在一切不用力的状态下，你能握拳吗？当然不能。因为只要你一握成拳，不管怎么说，你都用了力，毫不用力，手是不可能合拢成拳的。这个道理容易理解，而手和拳的自然、使然，有为、无为之别，也就不言而喻了。

现行太极拳的动作架式中，就有一招握拳出击的架式。明眼人一看就知道，这个动作，应该是后人加的。原始的太极拳，绝不会有这个动作！

我们就凭握拳这个动作，就知道，这位变手改拳的太极拳师，一定是一个非常向俗、向有的俗人！如果就改了这一招，应该说还不算离题太远；可令人更遗憾的事又发生了！有人居然将太极手的名称，也因之而改成了太极拳！

虽然现有史料中已难稽考，什么时候、是个什么样的人，居然会把九宫太极手改成了太极拳！如果他是太极门内之人，可以说他是太极大道的不肖子孙，道门罪人，因为他使后世弟子们迷失了太极的真谛！而如果他是一个不谙太极道行者，则其以拳易手，恰易误导后之拳学者误入使然有为之拳技歧途，难以归宗太极无为之武道真境！因为他连太极这两个字的本义也没有搞清楚！

本来，叫九宫太极手多好，或者单叫太极手也成，为什么偏要改成太极拳呢？这么一改，真可谓不伦不类了！

无中含为，太极本义

太极的本义，就是无中含有，无中生有；无中含为，无中生为。简言之，无为。太极无为，两仪有为！既然名为太极之手，自然而然，无为而为，名正言顺，理行一道；今改手名拳，拳象有为，拳行有作，岂非名实不同，挂羊头卖狗肉！

不知是改名太极拳后，觉得通套都是手，没有一招握拳的，名实不符，所以才在改名太极拳以后，在行架的架式里面，特别增加了几招握拳的姿势，以符合拳名之实呢？

九宫太极手，本来就是要求自然、松静。太极拳后来虽失却道门传统，可它的宗旨也还是要求松静自然的！既然如此，你也不想想，擅自加上这样几招有为拳架的握拳姿势，觉不觉得就像一盘珍珠放了几只鱼目呀！加了这样的有为紧张姿势，这样的太极拳，还能说是通体自然、全架松静吗？做这种事，真叫人不能理解！

武林中有谚语谓：

"三年少林走天下，十年太极不出师！"意谓太极拳根本练不成！不然，为什么十年都还不能出师呢？

其实，根本原因就在于它已失去了九宫太极手的自然修炼，没有内涵了。

太极含义

太极在三极——无极、中极、有极——中居中，故为有无界。太极自无为之有，因为太极孕含有无，还没有生有，有无一体。有无，就谓之太极。要说为，那么无极是无无，还没有无；太极是无为，因为此时无中已经含为了；有极是有为，为已经落入有界了。所以，太极即无为，无为即太极。

第五章　现行太极拳

一　显密异传

显密异传：　明传太乙（显传教门，太乙归教）；
　　　　　　秘传太极（密传道门，太极归道）。　　显山密水。

志语：太乙门传，武当太极，今太极拳，九门之先；
　　　太极门传，九宫太极，今太极手，五秘之首。

现行太极拳，显密异传：明传太乙，秘传太极。

显传在教门，太乙归教；密传道门，太极归道。

两者之象，则为：

显山密水。

二　三丰变传

三丰变传：　太极门隐（九宫架隐，太极拳显）；　　扬武弘道。
　　　　　　　太极拳显（入道秘传，出武明传）。

契语：　道本无形，无为难行，继道者鲜，择徒殊难；
　　　　武本有象，有为易著，承武者众，罗稀较易。

太极拳显，太极门隐

当年在张三丰祖师前后，道家太极门在传承上有了些变化，本来太极门一直是独脉单传的。什么叫独脉单传呢？就是收十几个徒弟，但最后只单传最成器的一个！换句话说，最后本门的口诀、法本，只能落在其中某一个佼佼者的手上。过去太极门祖师自己成道以后，要花很多时间找弟子。我们现在看到的太极学，许多内容都是经过历代祖师们积累承传的，到我这儿又重新把它整理了一下，因为要结合现代文化，结合传统文化，大道文化才能方便传世，被人接受。

到了张三丰祖师时期，他可能感到，这样下去，是个问题！万一将来谁要是至老也找不到合适的学生接法本、承道脉，那该怎么办？

所以，张三丰祖师就打算用显密两种形式来传道，希望通过显传方式以造就一大批太极学人，以祈方便后世太极门祖师寻觅时选择弟子。这里，最为引人的世间技艺，当然莫过于武功。于是，祖师就把九宫太极架引发的九宫太极手表面的太极架式，予以自然组合，形成定式外架，传了出来，希望将来能形成未来的太极武道，传承世间，经久不失。

据太极门的法本传承说，得继这一传承的，即后世的武当太乙门，并一直传到现在，而太极门则仍然秘授单传。

太极与太乙

那祖师起的太乙门这个名字，与太极门是什么关系呢？原来这个乙字赋名时本有深意：乙，也是已的意思，古时乙和已两字是相通的。已者尽也，尽者极也。因此，乙实际上也是极。这样，乙和极两字，殊解同归！

所以，祖师取乙，也就是取极的意思，太乙，亦即类太极，也可以说就是太极。大家注意这个乙字，反投向上，反手至极，岂非极尽之指？

太乙门传承入世后，形成了后来的武当太乙门的太极拳，后来逐渐衍化为今天的太极拳。而太极门传承的九宫太极架，以及九架变传的九宫太极手，却至今鲜为人知。

所以，我想武当太乙门一定还保留有当年秘承的太极老架，及太极祖拳等秘密！

两种教育模式

人类的教育模式，从古至今，随着社会的发展，自然形成两大教学方式，一种是师教，一种是学教——亦即塾教、校教。典型的师教是中国式的私塾式教育和武功及其他技艺的师徒传授方式，学教的典型是西方式的学校教育，今天已经成为社会教育的主要方式。

这两种教学方式各有长短。

学校教育具有社会群体知识传授优越性，一个学校可以有好多位老师，甚至是几十个老师来共同培养一个学生！这可以说是集社会之精英群体培养人才，而且是集合各有所长、各擅一知的教师群体，成批量地普惠大众的教育方式，是现代社会发展的必须和必然。此为其长之大端。相比之下，传统社会的师徒传授型的师教方式，则难以适应社会的发展而逐渐消亡，至少退出了社会教育的主流。

但是，大凡事理，有其长，必有其短；而有其短，也必有其长！师教之短，是一个老师教一个或几个学生，难以广传普受。但一个老师的长处在于，若其师徒同心，情若父子，则为师必倾囊相授，期其弟子得继衣钵。人情莫不私其私，就因为你是我教的弟子，将来是我的学生，我就容易把自己的真东西传给你。

学校教育主要目的是知识传授，知识作为学术，没有秘密。学术和思想皆是天下公器，完全可以公开，还要及时公开，因为你今天想到了，也许明天别人也想到了！所以学术思想都希望及早问世，广为传布。

但对某些技艺，或传统的道行修为之学，则与之有异。

古来道佛之传，皆主法缘和合方堪传授，即道传有缘，佛度有缘，此其一；其二，道行之学，不仅关乎世用，更关乎性命，故必谨慎从事，不得其人不传，所以择徒极严；其三，某些道行之学，处于酝酿期，一般不会轻易公开传学，故须隐秘传承，以期道完学成，方许立学传学世间；其四，一些道行之学或技艺之术，需要师徒心手相传，当面、当境指授，才能传承，所以难以广传；其五，一些道行之学，传学之际，更需要师生一对一地传授，而且是随着学习的不同阶段具体指授的，更不可能如学校般讲大课了；其六，传统社会，一些技艺耗费了历代师徒无数心血，当然不愿意随意公开传授，这也限制了这些学艺的广泛传播。

像我们太极学这样，孕育以千年计，增慧以千人计，保密至今才示学问世，这是许多接受现代学校教育的人所难以理解的！

我到国外去讲道，讲太极文化，说到有些东西要保密，西方人十分惊讶，不能理解。后来跟他们讲了我们这个东西之所以要保密，是怕耽误学生，而且内密要分阶段说的道理以后，他们才明白：原来物质思维科学、思想智慧学说，竟有这么大的差别。

古人说：真传一张纸，假传万卷书。关键的那一点不告诉你，没有这一纸真传，你也许永远也悟不到，练不出来。

就像我们这次讲的九宫太极手，三才桩动作很容易，聪明点的看一眼就能学会。但是，如果我不把道理讲给你听，你就不可能练好。而且，就算动作练好了，可这儿的关键，还在后面的应机应气。

因为现在只是授架，就是把架子教授给你，你自己先回去慢慢熟悉。授架，只是三才桩的第一阶，你只有参加了第一阶以后，才能参加二阶的正架，你参加了正架，这才知道架式的规范与要求，也才能进入三才桩的真正练架。没有这两个过程，你想，你又怎么可能正常修炼行架呢？

以后也一样，要参加第三阶应架，那你就必须具有第二阶的合格的水平才行。三才桩的关键，当然是在第三阶的应气，所以叫应架。不能应气，你练什么，你不成了跳舞，他们说的跳太极舞！试想，光有外架，这跟做广播操有什么差别？对！一点意义都没有。所以，太极修炼，关键在应气，当然，还不止应气！这个要老师给你传，可你自己也要争气啊！自己不争气，你要老师随便传给你，可能吗？孔子说因材施教，也就是这个意思。这也就是真传一张纸！

显密圆通

道本无形，因为无为难行，继道者鲜，择徒殊难。道，本来是没有形状的，故无可指言；人落有界，自必有为，故无为就难行！为此，历来大都继道的人很少，故要选择徒弟也就困难。

当年祖师一个一个地找弟子很困难。顺便讲一下罗稀这两个字，择徒罗稀。以前我写过一个对子，记得有这么两句话：

罗稀赤县，脱颖神州。

罗稀就是找人杰，稀就是稀有人才，罗就是收罗的意思。道本无形，要找弟子很困难，武本有象，所以罗稀就容易。当年张三丰鉴于这个原因，就把大道分成显和密两种来传授，这也就是祖师的显密圆通。现在我们才发现了当年张三丰祖师这两种用心的效果！大家现在看见了，太极拳已经在全世界推开了。张三丰祖师当年为我们今天的太极学奠定了相当好的传承基础，这是张三丰祖师的功劳。

所以，现在我们出国教学，一说是太极门的传承，外面的学生就很容易接受。如果将来我们的九宫太极手真的练出几个高手来，你要到国外去弘扬太极文化，你不信试试，那可就方便多了。

现在的人，讲究实际利益，道，他看不见，但拳他看得见，一招把你打趴下了，你说灵不灵？那个又高又大的黑人，被我们的学生一腿就蹬出去了，那黑人说：你的腿怎么有这么大的劲。什么原因他不懂，他不知道这里面有气、有法、有术。所以，张三丰祖师当年的这个显传决定是对的，为后世奠定了太极大道行世的基础。

张三丰的变传，太极门隐了，太极拳显了。虽然太极拳显了，但为太极门由隐到显，做了准备工作。当年太极门的隐传，还有一个原因，是为了在隐传中汲取各家之长，完善太极门理法体系。没有历史上的隐，就没有我们今天的显。太极门的理法能够像今天这么完整，那绝对不是哪一代祖师所能完成的。

根据法本上的记载，张三丰时期，还没有太极学的三界九哲，只有一些哲理，但是还很不系统。那个时候，太极门的哲理虽然达到了相应的水平，但是总体上跟现在比还差得太远、太远。

但是后人也不要因此就骄傲，因为我们后人是站在前人的肩头上起来的。我们的《太极经》，而清大师整理后有五千多字，我准备把它整理出来出版，到时你们看，那真是精彩。前面的祖师讲了一大摞，他自己的弟子，就是后面一个祖师，给他来个批语：此话最好不说。这个妙在什么地方呢？弟子把老师给否定了。

这在其他门派，会觉得这个不肖弟子大逆不道，你居然敢否定老师！不，我们太极学传承，从来不讲这个。只要你否得有理，对提高、完善太极学说有利，那你就尽管否！我相信，你的老师反会含笑点头，对你竖大拇指，好！这才是好样的，这才是本门龙象！

太极学传承希望弟子成龙，最好是代代有龙象！可要成龙，当然就要逾越老师，否定老师，甚至是上辈祖师！不否定前学，你能腾飞吗？说实话，我们太极学传承能有今天，靠的就是：有这么多祖师甘愿做人梯！他们才是太极学的真正功臣，伟大的奠基人！

所以，我们太极学将来的发展，会跟其他学说的发展不一样，我们不希望依葫芦画瓢的忠实弟子，我们需要的是能不断更新的好学生！

我想，我们的太极学将是这样：一代的人出来，下一代要争取超过他，如果不超过上一代，那你自己就成长不了。如果下下一代人还照着我的说，那你就是狗，我今天就先骂了你再说。将来，五百年以后，学生们还跟着我说，还没超出我的智慧，那你还不是龙，还是狗。什么时候出龙象呢？那我就不知道了。但我希望能出超出我的人物，这才是太极学的希望！

一个学说，如果都只照着前人说，那你不是好弟子。我想，释迦牟尼的后世弟子，如果超过了释迦牟尼，那释迦牟尼一定会含笑九天、额手相庆的。

大家看，大道九门五秘，而其他道门不如我们道家太极门的理行智慧，就是因为我们太极传承有这样的规定，传承就要求弟子们参师训，参祖训，参经训，参圣训！什么目的呢？就是要弟子们鱼跃龙门化成龙，超过前人！

比如，参参我历来说的话，讲的理。除了你认为对在哪里以外，你要反过来再给我参错在哪里。参了师训还要参圣训，参了圣训还要参经训。把老子的《道德经》拿来好好参参，好好批批老子，如果你能把老子批评得体无完肤，浑身血淋淋的，老子在九天之上也会高兴得哈哈大笑：嘿呀，这小子真能干，不错！他会很高兴的。

为什么？我们这是道、是学，不是个人的私有成就！如果你不批他，你能成学吗？所以我常说，我们的立学，讲一个问题，讲一个哲理，讲一个理法，如果你只从正面去理解它，那你还没有完整理解，你还要从反面再打出来，跳出它的框框，才算真正完整地理解它。

道与悟道：古人悟道三阶段

道是什么？什么是悟道？对道的认识经历了哪些阶段？

要领悟太极武道，必须明白道是什么？怎么看道？

那么，道到底是怎么一回事？怎么样来看这个道呢？我把我是如何看到的告诉你们。

道是中国古代圣人对宇宙万有存在和生命奥秘及其本原认识、发现、探究、总结和强名的一个学说——其实称学也还是强名。

古人是如何发现和探究道的呢？我发现古人认识、探究道的过程分三个阶段。

头一个阶段，从物质上去找道，为什么？有形的东西好找。所以，古人最先的养生修真的内涵，几乎都在物质境界里。但是，古人后来发现，在物质境界里面，摸着道、看到道，就是抓不到它。

于是，他们就深一步，进入第二阶段，在精神上去找，用三界观来说，这是从有界进到了有无界，因为精神可以算是半有半无的东西。

古哲们在精神里面去参悟，从自性中去找，最后发现，所有六根的知解形成的精神领域，虽说离性不远，可还是离道很远！所以，在这里面，根本就不可能得道。

这就是说，物质境界在底层，有无界的精神境界在中间，那么上面呢？他们终于发现，要超过物质和精神，再往上到无界去找，用无的形式去寻觅。而这，就是要进入的第三个阶段。

最后，古人们发现了一个破解有碍的唯一形式，这就是哲理性的理悟方式，这就是我们现在看到的、凭历代祖师们的心血总结出来的三界九晳。由于三界九晳是靠人类智慧在三界中总结出来的，所以它不仅能向上向道，同时也能向下照俗！

用三界九晳的这个理行去找，用理来格致，这叫虚空架虹桥。一旦用三哲的理架成的梯子竖上去、再来找道，那就比较容易接近这个道。

为什么呢？道是无形的，我也是无形的；道不落形象，我也不落形象；道不落理，我也不落理；道不落端，我也不落端；道是活的，我也是活的；道是龙，我也是龙，我们大家都是龙；你要升多高，我也升多高；你本来不动，我也不动。只有这样的悟证，才能圆融无碍，自然而然！

好，三界九哲就架了这个无形的冲天虹桥，用三界九哲的理阶，步步升空，接近了那个无象之大无一无，道！

要问为什么？这只能权作理上讲，行当然不会是落此理行。因为理透上是哲，哲透上去晢，晢无可立，再往上透就是无，无、这个万有之一无，能透破一切有碍的那个，那当然就是道！这也就是，道法自然！自然不知道，因人证而见道。过去我就有过类似的譬喻：

道如水流理如岸边，岸不能动，故行岸不等于入水。现在我用理把你引到岸边来，教你无为、自然、返本，于是乎，我就把你推下水去，跌入奔流，任你自然流下！能否到达彼岸，那就是你的事了，这就是道行！

道有什么用

古代先哲们花了这么多精力找这个道，为了什么目的？道能卖钱吗？道能了生吗？你的生活还是要自己赚钱吃饭，跟道没关系。可以说，道在人世间没一点用处，想升官、想发财，用你有界的智慧也就够了，用不着道。

那这个道，追求它干什么呢？

是知欲，是知的不断追索。

人作为一个生命，最大知欲就是道，知的最终欲望，就是这个生命的奥秘，这就是道！由于人这个求知追索，要追这个道，人就得不断地求这个未知。所以，应该说，修道的人跟常人比，他的迷惑会更多，问题也更多，而且还不是常人所烦恼的生计等问题。

人的知欲是无限的，真是欲望无穷啊，知欲，才是人的欲望中最大的欲。当年告子说：食、色，性也（《孟子·告子上》）。我又在这句话后面加上一个字：食、色、知，性也。

当然，我们说的这个道，还是人见之道。那么在座的肯定会问：天地本来那个道在哪里呢？我想，天地本来那个道，需要整个生命形成一个"联合国"，生命之间还要互相协调，互相交流，融贯宏通，才能共同去找它。因为这个奥秘似乎只有那个设置宇宙这个大自然的设置者，才能知道！

三 手拳异道

手拳异道：　**太手气引（无为而为，以气引架）；**　**手顺拳逆。**
　　　　　　太拳式动（有为而为，以架引气）。

则语：太极之手，自然成架，气引架易，内动外易；

　　　　太极之拳，使然成拳，架引气难，外动内难。

太极手与太极拳外在动架的区别

九宫太极手与现行太极拳手拳异道，而两者在外在动架的区别是：

九宫太极手要靠气来引，而太极拳则是靠人为动作，所以，一个是无为而为，一个是有为而为。

但是，这个有为，跟常人的有为动作还不一样，因为它有松柔缓匀。现行太极拳的遗憾，就纯粹是有为外架，而不及内气之修为。

太极之手自然成架，气引架易，内动外易。就是说，九宫太极手是由内气引动外架，故由内动外就容易得气；而现行太极拳是使然成拳，外架引动内气难，故易导致内外脱节，两不相应。

太极拳入境界之难

是因现行太极拳的修炼方向不对，它不先修内，反先修外！本来，外架修习与内气修炼的易难就十分明显，内气难修，外架易学！今反先习外架，而想不修而自得内气，这当然就难上加难，大多是不可能的了。

现在，太极拳的教学，确是一上来就教外架，而且，是想靠外架来带动内气，当然，这样也就难得多了。这个道理很简单，会修内气，乃能注意内气；现在是不知内气，只注意外在架式，内气怎么可能自己"有凤来仪"呢？

而且，着架还不利于放松，在这样的条件下要进入松和静的境界，当然也会很困难，所以要从习外架而进入九宫真境，屈指古今，大概只有几位宗师吧！

四　太拳今传

太拳今传：
法用太极（无极发架，太极行拳）；
诀用丹鼎（气沉丹田，尾闾灌顶）。
道本武变。

揭语： 名称太极，实归武林，由道入武，体用皆变；

名异诸拳，实异武拳，由武归道，诀行乃真。

现行太极拳定位之尴尬

现行的太极拳，说它不是道，可它还有这"太极"二字；说它是道，但它又离道太远了；说它不是武，它的武名却是名震江湖；若说它是武，可与武林武术，又全不合拍！这真是，道俗不称，武林不名，似乎两边挨不上，不知该合归到哪里去？

太极拳现在处于这么个不上不下的尴尬状态，这就是：

上而归道，难以为情；下而落武，失却身份！

这样下去，要想发展提高，这路又该怎么走呢？当然，在左右其艰、进退其难中，总该找一条路吧？如果真想另辟蹊径，那唯一的办法，还是承袭道门传统，自己先行修炼，补上这段内炼失继的内修课。

从张三丰祖师传授九宫太手的外架，即今之太极拳以后的几百年来，太极拳在武林的体用与内涵传承中，特别是在用武的方式上，武术的技击上，发展了很多实用的练法、技法，可称建树颇多，名震江湖！这当然也是张三丰祖师的成功，是他传授了太极拳后取得的成就。

第六章　九手九桩口

一　一本无极

一本无极：
形练九松（形修自然，形入自然）；
神修三弛（神修自生，神归自在）。
并归天然。

释语： 脑顶，心窝，会阴。

形上三、中三、下三。

九手九桩口，是九宫太极手的基桩修炼。九宫太极手本来是九宫太极架化出来的，化出来以后，以气而行架，演道而成武；内返而可入道，外展而可用武。自是，于道于武，于法于行，应该没什么可以遗憾或者别有所求了。

林静立祖师与一本无极桩

自九宫太极手体道成武以后，有位当时还是学生的太极祖师，即太极门法本有记的林静立祖师，竟在不经意的自然无为修习状态中，发现了一个足以改变道家太极门大道内涵的、十分惊人的道行大秘密！

这是个什么样的大秘密呢？他使太极祖师们一直认为的，只有经过"动中之静为真静，静中之动为真动"的修为，才能通过九动（形三动、气三动、神三动）入道成道的根本性看法，发生了震惊的改变！

这个改变了太极门祖师的大秘密的内涵，究竟是什么呢？

这就是：**修行介于道行与功行之间的，或者可以说兼二者于一体的太极九桩口中的第一桩：一本无极桩，可以直接入道！**

无极桩入道

相传：在一个黄昏之夜，还是一个太极门青年弟子的林静立，照例来到修炼场的河边，做他今晚应该修炼的功行墩子——九宫太极手。

这位林祖师，有一个修行习惯，即无论是在修行十方无极裆之前，还是在修炼九宫太极手之前，他都喜欢先静静地站立着，这当然是为了在正修之前，能先来一段宁静身心的准备。

就是在这样一个"道约黄昏后"的夜晚，林静立在修习九宫太极手之前，照例略事静立，准备等身心宁静舒和时，再来入修正传大法。

谁知这个准备，就这么准备、准备……月亮挂上树梢头；继而皓月当空，云轮锁月；已而东方之渐白……林静立就这样不知不觉，无动无止地一直那么站着！其他弟子们遂去告知祖师，祖师来至河边观已，只嘱其他弟子不必惊动林静立。待等红日跃天，斜阳映目，林祖师终于睁开双眼，慢慢动动身子，出得境来，径直来到祖师房中，向祖师细陈他这一夜神奇的"准备"之觉受……

真是：

求之不得，不求自得！

倏忽间：

今晚不知何圣至，忽而一气自天来！

祖师予以印证之后，高兴地向众弟子宣称，林弟子得道了！其他弟子们自然疑惑万分，林静立这未修道行、功行，怎么可能得道呢？当然，那时大家还不知道这就是可以直接入道大修的一本无极桩。

为纪念这位直由无极桩入道而成的林祖师的立道之成，立法之传，祖师遂把他的名讳或许是道号，自此改为：静立！更在太极门法本上，隆重地记下了一笔。

从此，道家太极门的道行修为，增添了动静入道的两大门径：

动——十方无极裆；

静——一本无极桩！

这个由无极桩而入道的立道成就，也就是林静立祖师的没世功绩！

三才桩和五行桩的发现

事理有静，势必有动；动静相应，乃成其道。以故，尔后之太极祖师又发现了与静立对应的、本由内脉之气引发的自然基本动架——三体三才桩。

这样，静动对应的一、三，两大自然修为方式，终于完整立道而问世了。道行而功行至此，殆可谓完备也欤？可祖师们又想，无极桩，本于一行；三才桩，体于三修，即已成为一本无极桩与三体三才桩；那后面还应该有个用的五数啊？随即，这个桩名已经自然显现出来了，它应该是"五用"！

又，一本者，太极也；三才者，阴阳而三才也。那这后面当然应该是五行，于是乎九桩口的第三个修炼架式，五用五行桩，就这样应运而生了！

道入武林

由于道家太极门的历代祖师都是武功高师，以故五用五行桩的体用，自然就被设计为自道出武的道武武功的高深修为！想不到祖师们的这一偶尔创作，竟奠定了太极门武功的道武精武地位！从此太极武功便一直雄冠中华历世武林，被武林奉为武功的最高境界与最终修为！

未几，张三丰祖师更易道家太极门历来之传承方式，易太极门独脉单传为显密两途别传。不意这一变法，竟导致此后太极之拳迅即大行于世，一时间声震武林，誉称朝野，得而习之者，如获武功瑰宝！武林各界，相与推崇，而道门传承之九宫太极手古架演衍之后世太极拳，亦因之而没身武林，渐为武用泯却道修，几乎堕落而为纯武功体用之外架训练技法！

古语有诚谓：名为身累，信然！

三为妙应

道家太极门，在建立九宫太极手之太极九桩口之后，道武之学已日趋完备；然是中犹有诸多细微处，尚须慢慢增易调整。

武道本身，还要通过九宫太极架而九宫太极手之道行功行之修，逐渐完备自己的道武武道内涵；同时，也有必要重新确定、确立原定功行系统之各别内涵，以适应后世学人的不同需要，如未学过世行太极拳者，及已学过世行太极拳者，他们入修太极武道之需要各有区别，以及其他向道入俗的不同需要。

所以，当时的太极门祖师通过他们自身道行修证，以及道应有界的智慧反证，用无为、无有为以及有为的三为妙应的不同形式，法定了九宫太极手之体用基修功行，即太极九桩口。

三才桩也可以入道

据传太极门原来的教学传统，对修习太极九桩口曾有一个不成文的规定，那就是修炼太极九桩口，应该在九宫太极架的气应出架以后，或者起码是修即到有气、有架以后，才能由老师郑重传法！

这是为什么呢？因为祖师认为，这个太极九桩口是在修炼九宫太极架而九宫太极手出架以后，才生化出一本无极桩、三体三才桩这样的阴阳静动之功行修炼的！

如果你还根本没有修入九宫太极架而出架，那又怎么能预先修学后面的太极九桩功行呢？这样颠倒顺序的做法，一定会乱了套，也很难进入真正的功行修炼境界的。这个遗训，后世太极门祖师当然会恪守成规，不敢越雷池一步！所有教学，都按这个规定，按部就班地慢慢来。

可是，奇迹又变生了！当年有位弟子，尚没有入修九宫太极架时，还在入修十方无极裆的初期阶段时，在不经意、无意间，居然看到并听到了师父教习师兄们的修习九宫太极手的全部指授：一本无极桩和三体三才桩！

此事被师父发现后，祖师并未怪罪这位弟子，只是说，本来你是不能这样提前听到这些功行传承的，但现在你既已无意中听到、看到了，为师也不怪你，但你可不能轻易修炼，万一出了差错，发生气脉内闭、内气逆乱等差错，就麻烦了。

这位弟子当然也不敢轻举妄动，就谨遵师命，暂且将所闻所见的置诸脑后。

但时间长了，这位弟子想，我虽不能修炼，但总可以自己私下里将看到的三才桩架子复习复习吧，不然真若忘了，将来还要重学！于是他就自作主张地开始如是"复习"起来……

真是：

有意栽花花不发，无心插柳柳成荫！

这位心地淳朴的弟子，又是在误打误撞的无意间，依样画葫芦地"复习"着，居然进入了境界！

一时间：

人心但与天心合，颠倒阴阳只片时！

居然让他在静动之变换中，忽而冲开了天外气场、海底内脉，突地引动了外架，霎时间便进入了九宫真境，打开了九宫太极架！

师兄们讶异地看着他，只见他：内气引架，架合内脉，自然无为地发出了真动大架！大家都惊呆了！师父闻讯赶来，亦惊讶地看着这个被他一向认为不太长进的弟子！

一切，都变过来了，祖师们那个不成文的遗训——在未修得九宫太极架气架之前，不能预先学修太极九桩口——被这个弟子的成功给否定了！未修得九宫太极架气架之前不能先修太极九桩口的说法显然已不能成立！于是乎，从此太极九桩口成为随时都可以学修的太极道行一大墩子！它可以帮助你加快进入九宫太极架的步伐！

自斯而始，太极九桩口中的动架三体三才桩的修炼，就有了这样两种入架形式。

第一种，是原来的旧传方式，即必须在修炼九宫太极架后，且必须待出气架后，然后再带气进入九宫太极手的九桩口，修习三体三才桩。

第二种，就是虽然没有修炼过九宫太极架且出气架，或已修而未发气架者，也可直接入修三体三才桩。

这两种方式，但能专致，都能入气入架而修炼三体三才桩。

太极九桩口的设计

九桩口每个桩口的动作都不多，无极桩没有动作，三才桩的动作也很简单，五行桩是纲领性的，基本动作少，在用上面演变的动作多。而演变的动作是不定的，任何招式，只要一定就糟了。

太极九桩口，特别是五用五行桩，具体是怎么形成的？因为太极门法本上记载太简单，对此只有几句话，所以，我们现在很难弄明白当年祖师创立九桩口、特别是五行桩的良苦用心，或者说精心设计的过程。现在，我只能根据我自己的观察体会，就我所感知、所悟到的内涵，给大家介绍一下。

无极桩，实际上就是要我们再重新练一次十方无极裆的入道机口，且由动的方式，改为静的方式。在开始修炼十方无极裆的时候，是处于**不言不决、不思不念、不式不势的恍惚状态**，让你糊里糊涂的就动起来了。这一动，也就从无生有，阴阳、四象，开始交变，出八法，入九宫，慢慢就进入了九宫太极架！这样，你往往就会认为，我已经学完十方无极裆了，我可以跟这个"学前班"拜拜了。

但是，十方无极裆的真正内涵呢，可以这么说，你还根本不知道是怎么回事！

零十一应

上古的太极祖师在讲十方无极裆时，所以定十方无极这个名称，绝非偶然。因为，它本身就是一个大道！

实际上，十方无极裆的功行，虽然不能属于道家太极门的九阶修为，但它是太极门道行正修的基础。任何事物都是这样，基础往往是最重要的，但却最易被人忽略！

你认为十方无极裆不是太极门的道行正修，那么，我就要问你，太极道行一阶的一元真后面，那个零，算不算太极门的道行修为呢？那也不算太极门修为，也不是太极门的正修，既然不是太极门的，你觉得那个零怎么样？你不是已经修到一了吗？还要零有什么用？但是，太极门的道行是十开九始，一归零阖。一必须归零，一既然必须归到零，那你就应该悟到零与十的关系！实际上，零和十是：一始一终，终中含始，始中含终，终终始始，始始终终，一体两用，相互对应的。这就叫零十一应。

无极桩修炼的五因

第一个原因，应该说是再次让你认识十方无极裆内涵的极好方式。换句话说，就是让你把这个基础重新再打牢靠点，将来盖参天大厦的时候，不至于根基不牢！其实，这就是这些墩子的重要性。

第二个原因，无极桩从静、无着手，一没有任何有形，二不用任何力，三不讲任何口诀。严格地说，这才是真正的无为而为！

十方无极裆，要让你们把这一切都忘掉，有些人在练十方无极桩入境以后，很可能会短时间出现心跳、呼吸全失，你不用紧张，因为三度放松，或四度、五度由外到内的放松以后，心肌也逐渐到完全放松的状态，心脏一放松就不工作了。这里的度，是渐进的一种比喻，过去传承只有三度放松说。如果你练习十方无极裆，真的到了五度以上放松的境界后，你的喉管不用吞口水，唾液会自己往下流，鼻子一张开，气管放开以后，就像瓶子一样，里面的气跟外面气是一体的，它自己不断地交流，你不用担心瓶子里面没气，也不用担心瓶子里面的气会臭掉。

人靠呼吸交流，瓶子靠自然交流。人就是呼吸把自己卡住了、限制了！人的咽喉有咽门气门两道门，吃东西时挡这边，呼吸时挡那边，弄不好就呛你！

第三个原因，就是让我们回到人的形体之自然本来去，这样，你的身心才能得到充分的调节。

无极桩是炼形的最好形式，因为它传承有**三弛九松**，让你不断地放松，让你的形不断地回归自然，不断地回归本来。这样，你才能真正进入道的自然境界。

第四个原因，静、无得大道。练十方无极裆的时候，你那时慌慌张张就过去了，根本没有尝到无极的味道。《西游记》里面描写猪八戒吃人参果，一口吞下去了，转过来反问孙猴子，是什么味道？他自己吃得太快了，根本没尝到味道。

现在很多人还没有尝到十方无极裆境界的味道，就恍恍惚惚地过去了，还不以为然，觉得十方无极裆不过是太极门正修以外的功行，不堪一论，不堪一行，不堪一问。他不知道，能用"无极"这两个字，绝不是偶然的。

无极桩和无上证的这两个无，绝不是偶然的，如果一个道不能融含首尾，那就不叫道。

我们太极有界的三大哲，化生、对待、流行，一中含三，三三归一，三大哲理，如盘走珠，头尾相连，连绵不断。如果不是这样，那就不是天地之道。大家看，整个天地的水，都是头尾相含而不寂，周流六虚而不断，全是活的。

第五个原因，是无无生有，让你从本来生有。

无生有是本上生，有生有是枝上生。比如一棵树，从根上生出来的有是粗干，从枝上生出来的有是小芽小叶，它对比粗干的包容性就差远了。生气也是一样，无生出来的气是本源的气，有化出来的气，是分化的气，两者当然相差甚远。

太极境界观

说到这，顺便说说中外哲学家。这些哲学家们并不是不聪明，他们也有很高的智慧，但他们为什么都没有发现存在是境界性的呢？关键在于没有发现"境界"。为什么大家天天都在说境界，却又不能发现境界呢？这就是习焉不察！就哲理而言，**没有发现三界之理，就悟不出境界观的相应道理，当然也悟不出境界哲理的相应体用。**

这是因为，任何事理物情都是境界性的发生、境界性的存在，境界性的发展、境界性的变化。已而，境界性的感知，境界性的知解，境界性的臆推，境界性的结论，如此等等，都是境界性的。这样，人们所向往的真情、真实、真理，当然也都是境界性的！

你们想，太极学的一个"境界观"，便解决了人类无穷无尽的名相困惑与思维执缚！大家说，我们的历世太极门祖师，是不是功德无量，功果无上啊？

三界九哲，立哲开始于无界

据玄一父师开示，当年三界九哲在立哲的时候，不是从有界始，却是从无界始！这真有点出人意料，亦足见祖师们慧性高致！

是从无哲开始，无哲中生出一哲来。一生出来的同时，它就一以贯五，一以贯九，九而贯一，一九相含，这样不断地周流圆通。

为什么？因为三界九哲，它是个理；理，可以应象，也可以应数，如果理不能应象，不能应数，那就是断理、截理，于实无用。

数字，是从一二三四五六七八九，到零，转了一圈。

天地自然之道，是一个周。十方无极裆从开始到最后，无极裆到无上证，实际也是一个周！无极桩作为九桩口的一个桩，实际上跟裆，还是一回事。而无极桩跟无极裆，实际上也是一个含义。让你重返修炼，就是要让你重垫基础，把基础再垫牢实一点。

太极拳的无极式

当年的太极拳是传承自道家的，这里面有一个证据！这个证据，就说明太极拳跟道家太极门有着不可割舍的血缘关系。

这就是太极拳的起式：**无极式**！

无极式在太极拳未起式的时候，实际上也是讲全身放松，精、气、神三到，跟无极桩的内涵大相类似。所以，最先的太极拳祖师应该是知道这个内涵的，就是不知道什么原因没说明内秘，也没让弟子们认真修炼，以致最后让这些内秘消失了！以后学生传学生，就把这个无极桩的内涵，转移而为无极式，就只作为起式用了。真是可惜，不作为一个桩口来练习了，就把这个太极内涵的本丢舍掉了。

所以，无极式，本来是传下来了的，唯独就是上辈祖师们没有告诉你无极式的重要性，没告诉你怎么修炼体用。我们九宫太极手的传承，是太极门直接过来的，所以对无极桩的传承，就特别注意内涵。

一本无极，形炼九松，神修三弛。

一本无极，可不是一本万利啊，是一本无极。但一本确实也含有万利的意思，一本与万末，万末、这个本末，都生于一本！所以，一本无极这四个字，不是轻易取用的。

形炼九松，神修三弛。形修自然，形入自然。神修自生，神归自在。并得天然。

这几句话相当关键，大家自己去慢慢体会。先是味同嚼蜡；然后慢慢变为蕴味淡中；最后变成寝食知味，这就算道的知味了！

九宫太极手

二 三体三才

三体三才：　天阳地阴（阴阳其道，静动其法）；
　　　　　　人半阴阳（柔刚其行，场气其动）。　　自得虚无。

释语： 天才以升，地才以降，人才以开合。

九桩口理法

一、三、五，这几个数字很重要，一中含三，三变而复五，一三五，正好得九数，所以三体三才，位当其中。

以其：

天阳地阴，人半阴阳；阴阳其道，三才其运。

以故：

静动其法，柔刚其行；缓急其变，内外其正。

由是而：

虚无其本，场气其动；架式其形，体用其成。

故，天才以升，地才以降，人才以开合。升降开合，圆而混融，周之而成一太极。

此盖九桩口之理法。

三才桩之立

为什么能立三才桩？三才桩，从无极桩静极生动、无而生有来，此时，内脉和调，真气自行，引发三才外架，**如风引**

帆，娓娓行来！斯际：

　　觉其内气，则若动若静；

　　感其外动，则若有若无。

　　此者，如非"拾芥末于海底，闻蚊音于天外"，则断难即此！故心性浮躁急恼之人，皆难得此凤毛麟须也！

　　一本无极桩，能够从无中生出本有来，静极之一动，元真鼓舞，真阳透达，内气自运，即当把握时机，沉心于渊，汇觉如芒，妙即天来！

　　这时，如果你生来的气是本有的气，那这个气根都要粗一点，这就是一本名实之由来。如果功行未臻，气脉未动，强以念求，此盖有生有的气，其气根自然就越来越细。这里，有个反致，那就是：

　　无生有之致，其气大而沉，故感觉深隐；

　　有生有之致，其气小而浮，故感觉表显！

　　若以前者之气而成功行，则其成也大；

　　若以后者之气而成功行，则其成也小！

　　这应该是容易理解的事理。

　　气之生矣，当其生出来应有以后，由本证到体用，当然会有一个过程，如果没有体，本就没法用，**体是本和用之间的一个桥梁**。

　　所以，三才桩之立，就其用而言，是为了将来应用于五用五行桩。可以说，这是为了发挥好五行桩的奇变效用而立的。就这个意义看，三才桩，应该是一本无极和五用五行之间的桥梁。当然，这只是从道向俗、从无向有而说。

三才桩含义

那三才桩的自我含义何在呢？主要是指：无极而生太极，无极桩在无极和太极到两仪之间，而三才桩在两仪到三才之间，也就是从两仪到三才之间的化变，甚至于包括四象、五行的化变。

当无极桩能得到了你的本源，找到了你的归属，那么这就是你的起势，如果你真的达到了三度以上的放松，那你就可以进去了，你就会感到斯际微妙，内涵颇多。

当然，现在大家还不知道什么是**三度放松**，三度放松要到具体讲解无极桩时再讲。在三才桩功行的时候，要靠你悉心体会由一本无极所产生的**本源性的自在觉受**，这当然不是世间语言所能形容的。古人说：

如人饮水，冷暖自知！

然心中了了，口上难明；说是说不清楚的。

出无入有，是两岸的桥梁，三才桩的设计是一二三，天地人，贯体三才。天地人，正好一阳、一阴、一半阴一半阳。

道生一，一生二，二生三，三生万物。

老子讲了三生万物，就不说了，他没有这样说：道生一，一生二，二生三，三生、四生、五生、六生，生到九，九生万物。为什么老子说到三就不说了呢？

因为三，已经奇偶、偶偶相对了，也就是说，一个对一个，一个对两个已经全部对齐了，三点已经成面了。你们看一点还是点，两点只能拉成一条线，但三点已经成面了，在三点成面的这个生生境界里面，已经能够生养万有了。

大家说，我们的化生规有哪三生？

生：奇生、偶生、变生。

师：对，正好是：**一自生，二合生，三别生**。

生生之气

天属阳，故三才桩的天才桩为阳架，主要练阳升之气；地属阴，故地才桩的阴架主要练阴降之气；人属于半阴半阳，故人才桩为半阴半阳架，主要练开合之气。三才桩几乎把五行桩今后要体用化变的方方面面，都顾及到了。

也就是说，气机的升降开合，架式的纵横奇正，全部包括进去了，这确实是一个自然而然的天然设计，天才设置，非人智、人力所能望其项背。

再一个，三才桩在设置的时候，完整地考虑了人体的内脉需要与什么样的外形动作配合，才能达到相应的内外在效果。这一点，真让人十分惊讶！真是，最最了解人类的还是人类的设置者！

所以，祖师们说得对，三才桩的动作，确实是自然产生的，也只有自然，才能产生这样的杰作！所以这自然无为之成，断不可以使然有为乱之！因为它是人体动作中最为自然率真的动作，也是不学自能的孩提本朴动作。

天才桩要领

天才桩的动作，就这么简单，从手上举，到手往两边分，这些动作再简单不过。但就因为简单，所以属于我们的基动要素，就是人类本能动作中的基本要素。

我们从天才桩的动作中不难看出，它的要领是掌握在阳向上，气缓升，就是要让你把阳脉舒开，阳气冲开。这里，可能有人会误以为：噢，原来人体的阳脉，就在三才桩与动作相关肌肉的牵引位置上。这么理解你就错了！我们说的阳脉是指内脉，不是皮肤肌肉牵引的那些什么神经。

地才桩要领

地才桩往下降的时候，手自然往下坠落，这些坠落的配合，不是在外形上帮助你下降，或者为了支撑住你的形体不致倒下，而是在身体和手的配合下，调动内在气脉的相应运动。随着身形的下降，内在的阴气也将会跟着内脉一起缓缓下降……

久而久之，你就会感应到某种特别的内外在感觉，或者叫特别的境界觉受，至于那个境界是什么，有什么样感受，我不能告诉你，你自己去体会；不然，你就会潜意识指挥，坠落成有为之求。为什么呢？因为每个人的内脉和觉感有差异，故每个人的感受应该都不一样。不过，也有大同的一面。但为了别人的自身成就，走在前面的人，你最好闭上你的嘴！

路，特别是道行、功行的路，最好让别人自己走！

有无三脉

严格地说，中医把经脉机械地固定下来，尽管中医源自道家，但这一点显然已违反了古来道家的哲学思维！为什么？因为中医的脉是有无相脉，它应该是属有而无定的，即：有定的部分，有不定的部分；因为有相有定，无相无定，有无相呢？有无相就有无定，既有定又无定。

现在中医把脉相全部固定了，这就违反了道家哲理的活泼思维。中医虽源于道家，但是由于落入有、俗以后，久必俗染，以致许多理论都发生了原则性、根本性的变移。

西医的动静脉，是指动脉血管和静脉血管，这就属于有相脉，因为有形必有相，所以是定的。

我们现在讲的武道功行涉及的内脉，是指无界的无相脉，所以是不定的，因而每个人都会不一样。所以也就难以定指一个绝对共通的入修体悟方式。

场引力和终始引力

血在动脉血管和静脉血管里面运行，是血管里面包着血，气行走的时候外面拿什么来包？

气的运行，在有无界，是半有半无的存在，它的运行靠场引力，到了无界，则靠终始引力。

始终之间产生一个惯性的力量，这个惯性力量是弧形的，气就弧形走；是直线的，气就直线走；是弯曲的，气就弯曲走。

场引力和终始引力有很大的差别。你们现在知道了终始引力的概念，我们在讲太极对待哲理的时候曾讲到终始，终始两个字不是随便说的，它不只是开始和结束，你们注意了，不是这么简单的。

什么是有无界的场引力？我们可以从云气运行形态上看出，云气的形态和变化就表现了这种场引力的存在。大家坐飞机的时候看高空的云层，上面一层云薄薄的，下面一层云厚厚的，但它们都各按次序走，绝不乱跑，为什么不乱飘？云场的引力约定了它。如果它们是两种性质的云，引力完全不一样，那它们两个就没法挨在一起。就算风把它俩吹得稍近、甚至搅在一起，放心，一会儿它们马上又会分开。

人以群分，性以类分，人也会分类，由于场引力不同而产生各种分类。

云是靠场来指挥的，不是自然乱飘的；当然，也应该说它是自然的指令，自然是靠场引力来指挥的。场引力是天地产生的，天地产生了各种各样的场，相应地产生了各种被指挥的存在。这就是气场指挥，天地的总经理！

三才桩与三皙

我说过，人的知解是一个很大的自陶乐园，人的知欲本身就是很大的六根自娱的乐园。现在大家学太极学，慢慢进入领域了，再过几年，你的这些兴趣更浓。

为什么呢？你能了解世界上常人所不了解的事物，你就能在知解上透破很多知碍、有碍，就能充分发挥你的本来智慧。那常人为什么不能发挥这些智慧？这并不是不聪明，关键是被各种执着碍住了，总是约定俗成地看问题，认为这个是理所当然的，那个也是当然如此！

你看，这叫杯子，就是叫杯子，不能改，你说梦中看见它变成了老虎，那岂有此理，那是做梦，可把玻璃杯子熔化了以后也可以做成玻璃老虎啊！不论什么事，自己把自己限制死了，都来个定规，那么自己把自己的智慧之门锁死了。

现在我叫你拿杯子，我还得说，给我把杯子拿来。如果我不说拿杯子，而是说把老虎拿来，那你就没法拿来。对不对？对！因为我只有从俗，这就叫约定俗成。

但是，在智慧思维上，不能被约定俗成，你要在智慧上约定俗成，那你就永远是思维的奴隶。比如说，有才能生有，我就问你，练无极桩无无生出气来，气从哪来的？当然是无中生有！

好，我马上问你一个问题：既然无能生气，气到底是在无还是在有？

生：在有无界。

你聪明，不说无，也不说有，说在有无界。

生：气的本上肯定不是气。

对，气的本，绝对不是气，人的本，绝对不是人，故美的本，不是美，丑的本，不是丑，善的本，不是善，恶的本，不是恶，如此等等。

三皙思维，将破掉世间所有的人见执着，不然的话，人就太可怜了，一辈子都被这些人造执念牵着鼻子走！所以，你不改变，你就没法进入三皙。

但是，现在大家三皙讨论的基本概念还太差，我现在讲课，有时觉得很困难，讲不下去，因为大家的思维跟不上来，只好返回来再说、再论。

比如我说，三才的天阳、地阴、人半阴半阳，三才阳脉上升，地才阴脉下降，人才阴阳开合。大家听了，没有一个提出异议，就没有一个人问我，天才桩练阳脉，阳脉这个概念应该概括哪些阳？阳中有没有阴？我这么一讲，大家就说是，就灌进去了，我记住了，我就练的是阳脉。

所以，练天才桩就天天想着阳脉上升了，阴脉我又不知道是谁，它上升跟我没有关系。我在讲一个概念的时候，为什么大家都能接受，而不去产生怀疑。其原因就是思维执着，灵活的三哲思维不够。这样，大家的进步也就很困难，为什么呢？我讲三才桩，应该说在授架的时候，就要你透破这些机理，如果你透破得越好，你的领会就越好，不然的话，你后面领会就很困难。

三　五行桩

五行桩：　内五为机（生以为机，机生于空）；　可得玄微。
　　　　　外五为变（成以为变，变成于空）。

释语： 五行之生，成空机架，五行之成，生无变手。

生之与成

当无中生了有，那是因为需要有有，但是有出来以后，必然又要从另外一个方面来成就它。天地生人，必然要天地生万物来成人，天地生了万物，必然就有与万物相应的存在来成就万物。不然的话，万物就没办法维系各自的生长繁衍，生生不息。

比如气候，人类和各种生物，需要的温度是从多少度到多少度的，这个气温极限，便是保证生物生生的一大条件，这样才能让它们很好地生长！这里，天地就要恒定这个温度，这是天地设置中的配备设置！

如果明天早上突然降到零下 100 摄氏度，所有在座的人，乃至许多动植物，大家都糟了！这样的境界一旦发生，可以说，你抢几床被子都来不及；因为温都没了，还保什么温呢？对生命来说，突然一下降温，所有生命都适应不了，马上就完了。这就是生命与生存的对待，也是天地与生命的保证。

好，天地要创造的这个条件和天地维系生物生存的条件，这两个条件，是一还是二？

生：是一也是二。

你想，生命在生生命的时候这个条件和维持生命层的这个条件，是一还是二？

……

注意了，说一，是站在二上面看的；说二，是站在一上面看的。理解没？以后说话的时候，千万要注意，这即是太极哲理的对待观！这可一定要看清楚，不然就麻烦了。

空机架与无变手

五行之生，成空机架。空机因为空，才能应变，故五行之成，成无变手。无变也就是无穷之变，因为无穷之变成于无变，有变必有所不变，无变才能无所不变。

空机架、无变手是五行桩的特别术语。练五行桩的时候，如果架一落实，就不叫空机架，但是，架不落实又怎么叫架呢？这个问题应该怎么处理呢？

生：对方有了架我才有架。

对！应的时候才实，不应就不实。那我自己的对方呢？除了对方和我以外，我自己还有对方。

生：头、手掌和脚掌的架式不变。

再说下去呀！我只是让大家思考思考，看思路能不能跟上，哲学思维能不能够跟上。

我顺便提醒一下，他刚才说到形了，那么下面呢？

生：还有气。

对，还有呢？

生：神。

对呀，形气神三个都齐了，你为什么不能这样说呢？

注意了：形定气不定，气定神不定，这不就是空机架吗？

注意了：这里的形是定的，如果形不定就麻烦了。空机架是形定气不定，气定神不定。

第七章　一本无极桩

一　三弛九松

三弛九松：
九松归形（形本静生，习染好动）；
三弛返神（神原无私，欲牵乃虑）。
返归静无。

解语： 形体九松，上额、睑、唇，中喉、腰、腹，下臀、踝、趾；形先神后；

神性三弛，上头脑顶，中胸心窝，下尾会阴；形易神难。

一本无极桩为根基

修炼无极桩，先要让你对无极桩有一个比较详细的、理行性的了解，然后才能进入无极桩的修炼，垫好太极九桩口的基础，垫好这个底子。

121

只有练好了无极桩，才有可能练好三才桩，如果还没练好无极桩，那就等于没有本，这三才的体，是根本没有办法建立的。

一本无极桩，一，是数字中的较大式数，叫元一。一距离无是最近的，无生有，必然生一，而一，也最能体道！

古哲有谓：了得一，万事毕。

这里毕的含义，就是快结束了，因为离道不远了。

所以，道必然生一，道不可能一下子就生三、生四、生五，道一定是先生一，然后再由一生二、二生三、三生四、四生五。

观此，世界的任何事理都是从一开始的，比如人说话，肯定要从第一句话开始说，然后越创造越多；人做杯子，肯定是先做第一个，大家觉得用着方便，于是开始做更多杯子。世间的事理物情都是这样，从无生有，自一而始。

我们把一定为本，因为无极桩是第一个桩口，所以用在一上。本，是指九桩口最大的根本，如果没有这个本，那么后面的九桩口就练不好。

九桩口的本是无极桩，体是三才桩，用是五行桩，这就是一三五，共九数，是名太极九桩口。

一本无极桩的内涵

一本无极桩的内涵是：**三弛九松**。

其间，九松归形，三弛返神。

三弛返神，九松归形，这里用返归二字绝非偶然，什么原因呢？

形，初生之时，只有这个本，是没有体用的。换句话说，就是有形而没有用。母亲一怀孕，胎儿就生成了形体，这时他是形的本，因为他还没有体用。以后发育成熟，出生了，成为一个婴儿，有了肌肉的收缩，血脉的运动，气息的运行，一切已经落入后天的有有了，这才慢慢产生用。

用入有为，渐而习以为常，则自然是：

有为易而无为难，紧张易而放松难！

这九松之修也就是针对形之紧张而来。而神三弛，也就是相应针对神之不易松弛而来。

返归婴儿态

形神之修都要返本，返到形神的本，那是一种什么样的境态呢？这就是婴儿状态，因为婴儿的形神都还没有染上后天的有为有作习气，那时还没有紧张这一状态。

实际上，婴儿状态的前面，胎孕时才是形之初始，因为胎儿在母亲的肚子里面就开始运动了，故形神的本，应该在他前面。这个本到底是什么状态，我们把它叫作形的原本，形的原本这样的状态，应该是五阶放松以上的那个自然态。我们现在要炼形，当然就要从形上开始着手。

九松之松

讲九松之前，先讲一下松字。

一般来讲，我们说的形体放松，是指形体紧张后的放松。

因为人的肌肉会紧张，会用力，所以才发现了放松。如果人的肌肉不会紧张，当然就不存在放松不放松的问题。所以，松是通过紧来认识的，黑夜是通过天亮来认识的。

三度放松

松的第一个本义是指紧张以后的放松。我们把这个放松，叫作第一度放松。

注意，大家看我的手，紧张、放松，紧张、放松，这个放松，每个人都能做到。我们把这个放松，叫作第一度放松。可以说，每个人都能学会一度放松，只要你会紧张，你就能学会一度放松。

一度放松，不需要学，人自然都会，但二度放松就要学了。

不说这个下一步，大家都不会知道，甚至不会想到！这个秘，也就秘在常人都想不到！

那么，我们怎样来理解和习练这不同度数的放松呢？又怎样来判断这不同度数的放松呢？这倒是个令人难以言状的问题！

注意了，这就是要靠人类自身的天然感觉，它会告诉你，什么感觉就是哪一度的放松。

一度放松时，肌肉在紧张难受的状态下，慢慢一放松，你立刻会感到很舒适。为什么？紧张的时候，肌肉拉紧，堵塞气机，气机的运行很困难，就会造成肌肉不适，身体也会感到不舒服。

为什么身体会有这样的感觉反应，因为身体有一个特定的自我调节功能，这个调节功能就是让你在紧张的状态下面，要注意保持一定的量、度，不能太过分！当你紧张到一定程度时，生理机能就不能再让你紧张下去了，因为再紧张下去，就要影响整个身体的调节了，所以就急剧产生不舒适感，通过这个感觉通知你，马上撤退！人受不了了，就会放松。这也就是人类为什么都会好逸恶劳的原因！

紧张造成的肌肉不舒适，在一度放松以后，肌肉马上就会感到一种舒适感，我们把它称为一度放松。

注意了，在一度放松的基础上，再继续放松，这时身体的机能，就会由于再度放松而反弹出不适应。

当肌肉放松以后感觉到舒适，这是一度放松，继续放松后，又会感觉到不舒适了，这是二度放松。

物极必反！你要往前走，它一定得反，故第三度放松后又会感到某种舒适。

一本无极的无极桩的修炼，达到入门的放松的度，定在三度放松以上，也就是说，第一阶的放松没用。

如何进入无极桩的三度放松

怎么样才能练到三度放松？这可不好回答，修炼从来就是自己的事，你自己慢慢在实修中去体证寻觅，我没办法告诉你。

无极桩放松时，你首先要把身体直直地支撑起来，但必须又是在全身放松的条件下支撑。感到一度舒服，这是一度放松；如果又感到全身很不舒适了，好，你这是达到二度放松了；但如果感觉身体某一个位置还在舒适，说明你这儿还在一度里面。等身体关键的位置全部都不舒适了，才说明全体达到二度了。又感到极不舒适以后，会慢慢进入三度放松！这时，可是你的关键时刻，千万不要熄火！

具体怎么进，我不知道，蒙进去吧，蒙得进去也行。

当进入第三度放松时，又会产生一种莫名舒适感，全身都舒适了，说明你全身都达到三度放松了。

在放松的时候，气机将要随着放松而发生极大的变化，你的身体素质也会发生极大的变化，你的各种疾病将会反映出来。特别是二度放松以后，平时不痛的地方都痛起来了，你要尽量把痛的位置放松，痛就会慢慢消失。

练的时候要注意，有疾病的位置，可能先后全都会痛起来，特别是表浅表层部位的，随着不断的放松，痛的位置慢慢不痛了，而原来不痛的位置又会痛起来。痛与不痛之间的调节，靠你自己，你要尽量放松，再放松。

心环松扣找重心

放松的时候，要注意找重心点。一支筷子可以立起来，并不是筷子有什么立起来的本事，或者它有这么大的力量自己站起来，而是重心能摆在中间。

人也一样，如果把全身的肌肉骨骼的重心能定在一个中心点上，就是把重心立在一个点上，这时地心吸力对你的各种引力是最小的，那你就不容易倒，由于不容易倒，故肌肉就不需要用力，所以就更不容易疲倦。

大家说，人要站稳，是不是靠肌肉用力呀？肌肉不用力，怎么站得稳呢？但肌肉都用力了，那我们又怎么能进入无极桩的修炼呢？这真是一个两难的问题！

所以，我们必须找到重心，找到重心才能真正地站稳，这时你的肌肉才能真正放松，真正进入自然体态的自在境界，也才能开始——对！我说的是开始——进入一本无极桩的真正修炼！

找重心的时候，你的身体可以前后左右地微微移动，试着找重心的位置。因为每个人的身体胖瘦都不一样，有的肚子大一些，前面重一点，有的屁股大一些，后面重一点，故每个人的重心应该都不一样，所以我就很难给你们定一个统编姿势！

千差万别，这也就是道。你一旦找到重心了，你就会有相应的感觉；你就会觉得自己轻松多了，也稳定多了！那时，你立体的稳定度，就会像筷子一样正立，若有四方之维，这时全身肌肉才会开始真正放松。

所以，找重心，三度放松，两者又是一体两用，两用一体，缺一不可，失一不成！这就叫：

心环松扣。

它们两个，环环相扣，刻刻不离！

重心，历来便是太极道行，或者九宫太极手功行武技内涵的关键内涵。过去在传承上有，"三轻""九镇""十八贯"，这些辅助口诀，对某些人可能很有用，可对某些人却反让其顾此失彼，难能协调，反为诀碍，以致更找不到重心了！

所以，我决定暂停授诀，就让一般修炼者自然而然地去实地探索吧；如果有少数敏感度极差，而且年事已高的人，他们在实修之中实在无法找到重心，待有这种情况时，届时再来相机授诀。

得重心，不倒翁

一个人之所以会倒，人体与物体同理，就是重心不稳。如果在太极推接手和双方对手对机时，你重心很稳，对方就很难把你推倒，我身不倒，谁能倒我？

双方推手时，对方只要感觉到你的重心一偏移，稍微再给你加一丁点的偏移，不用推你，你自己就倒下去了。所以，要是你重心不稳，我还没打你，略加欺逼，你自己就发虚了，此境此势，只怕什么功夫都用不出来了。因为重心已经不稳了，你又要努力站稳，这就很费劲！

可是，当一个重心很稳的人和你对手时，转上五六圈下来，他还很轻松，而你却会觉得很累，原因就是他的重心很稳，你的重心还不稳。为什么？他重心稳不用力，故能更轻松，你重心不稳，用力维持都勉强，何谈放松？所以你感到吃力而无法放松。

另外，当推手的时候，如果我的重心稳，你只要稍有重心偏移，我就能感觉出来。何以故？我是正的，你是偏的，我以正来治偏，手到擒来。

所以，一个重心掌握得很好的人，交手之中，对手只要稍微偏一点，就能迅速知道他是在往哪边偏，当此时际，只须稍稍来一招顺手牵羊，就能轻松把他放倒。

找到重心，脱胎换骨

重心还是脱胎换骨的一大自调要素。

人的五脏六腑、身心百骸都有疾病，各种疾病都有引力，这种引力都向地心吸力靠拢。由于各种引力之间的生克制化，就产生了各种各样的病理变化，从而让你的内脏承受不了，于是各种疾病痛苦就产生了，增加了。

我可以告诉大家一个太极门的内秘：就是这个重心寻觅。**谁要能找到重心，就有机会调治自己的五脏六腑，脱胎换骨。**调治时，把重心放在中在线，全身放松，以气治理内脏。这时候，你的内脏会相当听话，因为它没有别样负担，专致于一，全都会放得好好的。

人的七情六欲发生的各种各样的问题，如心里觉得心境不好，心里面发烦、发慌，或者情绪不稳定，都跟人的重心不稳有关系，重心不稳，也是疾病的一大因素。这里，与重心相关联的，还有天的原因，人自己的原因，最近的是地引人的这个重心的原因。

如果一旦找到重心了，你就可以把自己的五脏六腑好好地调调场，这样才能得到很好的调治、修养，甚至达到脱胎换骨的效果。

过去讲的洗髓易筋，是指外在的骨髓和筋，似乎连脏腑、脑髓还没有涉及。我这里讲的重心，其实就在这个脑髓和内脏上，当然也包含了骨髓筋骨。

返神本来

形本静生，习染好动，人的形体是由静生出来的，故为了应世就好动，我们现在要反过来回到本去，这也是一种返本归原。

形体上的形修返本，就是入静放松。

神原无思

三弛返神，神原无思，欲牵乃虑。神本来没有私欲，没有思念，一个小孩在长脑髓的时候，他还没有这个功能，脑袋里面没有什么思维、思念的问题。但随着脑部功能健全以后，就慢慢开始运作了，思念也就出来了，而且会越来越多，肆无忌惮！但脑能之本，却是神原无思。

现在返神，就是要返到神的本来去，到无私无念的境界。但是，这返神本来又谈何容易！尘念无穷，所以欲牵乃虑。我们要去掉欲，去掉习，这是修炼三弛九松的一个基本条件。

九松注意

练三弛九松的时候，特别是练九松的时候，有些人因为道行入盘十方无极裆的九动没有发够，又会动起来！没关系，你只要尽量放松，不理会它动，外动就会慢慢停下来。其实，这也是十方无极裆的动机习气。

如果在放松的境界里面，实在控制不了，还是要动，这说明你的火候不到，还不该练无极桩，那你干脆就入盘发动，让它发个够，再动极归静，否极泰来！千万不要强制收动，因为人为强制，不符合自然。

再一个就是不要意守在某一个位置上。有的人有疾病，身上某个地方一痛，他就注意那个地方，久而久之，气就集中在那儿守窍治病了，这对练无极桩的修炼，也就没意义了。当然，如果你的疾病确实需要守窍治病，那你干脆就守窍治病。但是，这已经不是修炼无极桩了。

在形体初放松的时候，或者是初静的时候，形体会有各种各样的反应。常见的反应有骨骼作响，站着一放松，那边啵一声，这边格一声！对此，你不用紧张，因为骨骼放松时，会发出响声，这是很正常的事，不要去理它。

另外，就是肌肉颤动，严重的还会抖动不停。你不要理它，就放松让它抖，抖够了就不抖了。既然有欠账，那就还吧，这也是你的身体需要调整的必然过程，不必回避。

神弛注意

在神弛的时候，会出现很多欲念，有时会突然想起很多以前想不起来的事。这些思想上的事，都没关系，你注意不要专门去想，也不要专门不去想，任其自然，也就是了。

但是，意念尽量专注在返神，不要轻易失修，白白浪费大好光阴。这些都是开始修炼无极桩时可能出现的种种反应，顺便说几句，略示大概。

神主形从

一般来说，练三弛九松的时候先练形九松。形体上需要特别放松的位置，通常有如下九个部位，即：

上：额、睑、唇。

中：喉、腰、腹。

下：臀、踝、趾。

上中下，三三得九部，由上而下，循环修习。

后练神三弛。神修只有三部，即：

上，头脑顶；中，胸心窝；下，尾会阴。

一般来说，形易而神难，故练形九松容易，练神三弛比较困难。但是，大凡神能入静，则形体大都能相与从命，于是形神两个都放松了。

松和弛的差别

平时我们讲松弛的时候，一般认为松和弛是一个含义。其实，这两个字是不一样的，松是松，弛是弛，其实际运用实不可含糊！

我们可以说三弛九松，但不能说三松九弛。松和弛有什么差别呢？举一个例子，比如一棵树长得很稳固，现在我们把树根的泥土弄松，再摇一摇，说：已把它摇松了；但是，如果你说，我把它摇弛了，那就不对。

松和弛是有本体的。它们的差别是松不牢固，不胶着，不固定了；而弛是不紧张，不拉紧了。弛字从弓从弦，用弓弦来形容，就知道这是指不紧张了。

所以，我们的神要不拉紧了，形要不固执了就对了，这叫三弛九松。

二 养本修基

养本修基： 形及体用（形松生气，入九宫手）；
神关养修（神弛生慧，生一元真）。 **形圣神真。**

指语： 九松名实：

上修三法：

印堂明白（展额、舒眉、铺印），

水晶垂帘（启耳、松睛、含光），

华池启扉（立项、开关、平舌）；

中修三法：

攀阁悬梯（吊喉、展盆、开胸），

擎柱塌腰（立脊、垂臀、松腹），

悬箕纵腹（开胁、解腰、延腹）；

下修三法：

横山布臀（散肌、放筋、悬膝），

立杆下踝（竖腿、契中、无支），

铺爪散趾（松掌、铺底、展足）。

练无极桩，实际上是养本修基，就是把你的基本重新奠定牢固，这是修养的根本。

九松第一个：印堂明白

印堂在额头上，就是二眉之间的中部和上部。一般来说，人的后脑都不常用，很少有紧张的，平时没有松紧这些特别的变化，不必管它。而额头，由于有动作表情的牵引，故变化很大，对松紧特别敏感。由于对松紧特别敏感，故每个人在额头上都有一定的执着，这叫形体上的执着。

人的脸上都有纹路，额头上的叫思纹，两眉间的叫愁纹，眼角边的叫笑纹。人遇上思忆的事，两目会上泛；遇上忧愁的事，两眉即紧皱；笑纹好理解。

眼睛要吃光线，光线也可以产生愁纹，这倒不一定是他心里愁，有时眼睛感到不舒适，或看不清楚东西，眉毛也会皱起来。故额头是人体紧张的一个特定位置。对面部来说，印堂是一个很重要的位置，首先要把它放松。

在古代，印堂叫明白，又叫阙中。为什么叫明白，就是当你的印堂一展开后就明白了，事情一明白，印堂就展开了，事情想不起来，印堂就紧张；一想起来印堂就展开了；事情没办法了，一有办法了印堂就展开了。所以，明白这个词，定得很滑稽、诙谐，但似乎很有艺术性。

我们现在讲授无极桩，还是把古代的术语拿出来继续用，还要一代代地继承下去，不要忘了传统！所以，印堂还是叫：明白。

印堂明白有三个步骤：

一叫展额，二叫舒眉，三叫铺印。

展额就是自己把额头展开，因为眉头总是皱起来，必须要展开，不展开怎么放松呢？所以头一个是展额。

第二是舒眉，额头一展开，眉毛也就舒开了，眉毛一舒，印堂就不紧了。

第三是铺印，铺印就是把印堂从下到上放松，这叫铺印。

九松第二个：水晶垂帘

相书上的水晶宫是指双目，又叫日月，就是两个眼睛。垂帘，就是把门帘放下，你在闭上眼睛的时候，上眼睑不要完全闭阖，而是要自然地下垂，犹如把帘幕放下来一般，这叫垂帘。垂帘在古代是有讲究的，眼睛要是闭得太紧，没放松；不闭，也没有放松，最好是把上眼皮垂下来，盖没盖好，都没有关系，但是要垂下来。垂帘时会目漏一线之光，这叫含光脉脉。眼睛要放松，要做到垂帘，这个术语叫水晶垂帘，很形象的。

练水晶垂帘分三步，启耳、松睛、含光。

启耳就是放松耳朵。因为眼睛放松跟耳朵有关系，为什么跟耳朵有关系呢？当你眼睛一闭，耳朵一定会用力。耳朵跟眼睛是什么关系呢？它俩早已是狐朋狗友、狼狈为奸。因为视听是一体的，眼睛一用劲，耳朵就开始用劲，耳朵特别听眼睛的话，当眼睛看东西的时候，耳朵就特别注意听。现在很多中国人一说聪明，就拉到智慧上去，实际上，古人讲聪明跟智慧没关系，聪明是指耳聪目明，耳聪就是耳朵的听觉特别好，目明就是看得特别清楚，耳聪而目明就谓之聪明。聪明就看得清楚，听得清楚，故思维就及时，应该说，把智慧说成聪明，那是后世引申义。

启耳就是把耳朵放松、展开。

松睛。松睛就是把眼珠放松。你别看你把眼睛闭上了，但眼珠还在里面玩，在里面动，有些人眼睛虽然闭着，但眼睛一鼓一鼓的，眼珠还在里面伺隙。可见，眼珠也是个好事之徒，都把你关上了，叫你别动了，但它在里面还不老实。什么原因呢？习气难改。每个人都有习气，故人的器官跟人一样，也有习气。人的眼睛常有这个习惯，眼睛一闭，眼珠就骨碌碌转，这时要注意把眼珠放松，这叫松睛。

松睛以后含光垂帘，两眼淡淡地含一丝光线，要说看东西，但看不清楚，要说没有看，也有一点，似看非看，似有似无，含光脉脉，别有洞天。

水晶垂帘跟印堂明白的感觉不一样。一般来讲，印堂明白以后，会感到额头很舒适，而水晶垂帘以后，会感到眼睛酸胀，有点不舒服，这是两者生理之间的差别。如果眼睛休息比较好，或者没有什么大的病，放松时也会有舒适的感觉，但这种情况比较少。

人的眼睛就算没有病也很劳累，每天要工作十几个小时，随时随地都处于紧张状态，工作量很大。另外眼睛还接受双重领导。什么叫双重领导呢？眼睛一是接受直系的视觉指挥，就是我看东西时，眼睛跟着这个东西看，这是视觉指挥。另一是接受感觉的指挥，就是应感指挥。什么叫应感指挥呢？如果在街上碰到一个人，你用眼睛盯着他看，那人准会有反应，回你

一瞬。

人就有这个功能，你不看他，他不看你，如果你盯着一个人看，那个人准会反过来看你。所以，眼睛接受视觉、感觉的双重领导，每天工作十几个小时，它很累。

九松第三个：华池启扉

华是菁华的意思，池是池水，华池是道家的术语。人的嘴里都会产生唾液，唾液是人生最关键的一体，所以用"华"来形容它。唾液为什么这么重要呢？大家看一下"活"字就知道了，活字从舌从水，舌是上千下口，舌旁边一个水为"活"，千口水可以活人，所以，舌上的水，可以活人。人的唾液多，表示生机旺盛，唾液少，表示生机差。人年龄到了40岁以后，你要经常练咽津液气，保持津液，不然，你的津液就会越来越衰弱。上而消渴，下而便秘，麻烦事接踵而来！

有些老年人经常嘴边流口水，原因就是宗气不足，摄纳不住津液。所以，如果自己感到口中津液不足，说明你生机比较弱，要经常练练咽津液气来补充它。如果自己的口水滴流出来都没有感觉，那就说明你的神气不足，要注意守窍，把阳气守起来，这样可以把舌尖的阳气和津液涨起来。

这个窍在什么地方呢？在舌根的中间偏后一点的位置。守窍时，要感到出来的口水是甜的才正确，这叫甘泉。能达到这个水平，你就可以自己调节了。

中国有句烦言赘语，叫：关门闭户掩柴扉。扉是门的意思，启扉是开门的意思。为什么叫华池启扉呢？就是人的两片嘴唇，必须要放松。因为嘴唇的活动量不亚于眼睛，人的印堂受人情绪的指挥、情绪的影响，眼睛受视觉的影响，所以老是一会儿紧张一会儿放松，而嘴巴受语言和呼吸的影响，也是在不停地运动。

但凡是不停运动的位置，你都要专门修炼方术，不然的话，它的习气改不过来，会让你诸事不顺！要把习气改掉，就必须专门锻炼，印堂、眼睛和嘴唇是三个敏感位置，专门练这三个敏感位置，就成为上三修法。

无为，是放松的最好的办法，人的脑袋前面是有为的位置，后脑勺是无为的位置，前面有为，那就要练无为，而后脑勺没有无为和有为，故不需要为，这也是个机。

嘴唇跟眼睛一样，如果闭紧了，那没有放松，张开了，也没有放松，要在又闭又没有闭紧的状态下才能放松。所以，华池启扉有启的意思，和垂帘是一个道理，就是让你的嘴唇跟眼睛一样，似闭非闭。

华池启扉也分三个步骤：

一是立项，二是开关，三是平舌。

立项，就是把脖子立起来。因为要放松嘴唇，就必须放弃笑容，放松下颏；要放松下颏，脖子就必须立起来，不然下颏没地方生根。而脖子的位置不合适，嘴就相应的紧张，所以，立项就是自己找一个最能放松，又能把脖子立起来的位置。

开关。开关就是把牙关放开，因为牙关经常咀嚼东西，所以也养成了紧张的习气，你就要改变这个习气，把牙槽关节放开、放松。

平舌。平舌就是把舌头放松、放平。舌头放不平，就会在嘴里面七拱八翘，就胡说八道。古人讲，舌是心之苗，心乱则舌乱，心妄动则舌妄动。这又是相书说的。

怎么样平舌呢？平时要把它放平一点，这样舌才能放松。常人为什么放不松呢？因为常人总是受情绪的影响。舌是心之苗，情绪一紧张，舌头就紧张，舌头一紧张就转不过来，说不出话，故你平时要把心底放松。现在大家试一下华池启扉，立项、开关、平舌，放松一分钟。

下面讲九松的中三路放松。

中三路放松第一个：攀阁悬梯

这里是指把自己的喉咙放松，如从阁楼上把梯子悬垂下来一般，把喉咙悬吊起来。人的喉咙一天 24 小时都没有休息的时候，人说话它工作，人不说话它也没有休息，大家说为什么？

生：呼吸。

师：对，人不停地呼吸，故喉咙几乎没有休息的时候。所以我们要专门练攀阁悬梯，好让喉咙放松休息。

攀阁悬梯分三步：一是吊喉，二是展盆，三是开胸。

吊喉，就是把喉头吊起来，才能把整个喉咙管放松。为什么？如果你不把上面的喉头放松吊下来，那么下面的喉管也就不可能放松。古人把整个喉咙管比喻为十二重楼，就是说它是一层层的，有十二层。吊喉实际上跟立项相似，脖子一立，喉咙很自然地吊起来了，十二重楼的喉管就松垂下来了。

展盆。盆是指两个缺盆穴的地方，在两肩下两边凹进去的位置，胖人摸不到，瘦人这两边都有点凹。两边的缺盆要展开。为什么呢？因为喉咙放松跟下面有关系，下面一放松，上面就放松了。

展盆以后自然要开胸，胸一开，喉咙才能真正地放松。

所以，喉咙的放松要攀阁悬梯，从上面一直放到胸部，喉咙才能整个放松。喉咙放松后，一定有一种凉幽幽的、很舒适的感觉。因为喉咙一直很紧张，一旦放松了，它一下子就会很舒服，不像眼睛放松时，你一注意眼睛，气就到眼睛了，它就会感到不舒服，而喉咙一定会很感到舒服。

九松中三路：擎柱塌腰

腰是人身体的最大关节，故腰是人赖以立身的根本。人站立时，看起来是腿在支撑着身体，但腰是整个身体承上接下的桥梁，腰的放松是全身放松的一大关要。

擎柱塌腰一要立脊，二要垂臀，三要松腹。

擎柱就是把自己的脊柱立起来，如果脊柱没有立起来，腰就不可能放松。脊柱往前一弯，腰就紧了，往后一仰，腰就更紧了。擎柱就是要你把腰立正，找到重心。

垂臀就是把臀部下垂放松，肚子也下垂放松，这样腰才能放松。腰和腹是一体的，只有放松了腰，少腹才能放松，腰不放松，少腹也放松不了，少腹一紧张腰也紧张。

九松中三路：悬箕纵腹

悬箕的箕，这里是指人体的小肚子，这里是整个人体的气源，也叫气海。人用力时，一定要把气送到小肚子去，小肚子也一定会很紧张。人在用力气时，比如在搬重物时，往往要深吸一口气，自己都感到气到了小肚子了，到了气的海了，这时你才用得出大力气来。所以说，气海气海，是气力之海，是人用力的一个最大源泉，是力气之海洋。悬箕，就是你的肚子像一个突出来的簸箕一样悬在那儿，把肚子像悬箕一样放松，然后把肚子纵出去，纵就是放松的意思。

要悬箕纵腹，必须开肋，肋是身体两侧的肋骨，把两肋打开，然后解腰、延腹，把腰放松，想着肚子延伸出去，这样才能放松。

这是喉、腰、腹中三路修法。

现在讲下三路修法。

九松下三路：横山布臀

人的臀部是支持腰的，臀部也包括髋关节和胯，也是支撑全身的一个关节，除了腰关节，臀关节是第二大的。臀部若能放松，那么腰也能放松。放松臀部的时候，要有一个横山布臀的垂臀动作，意思就是把两边臀部像两座山一样放平，这叫横山。布臀，布就是分布，就是两边平衡，两边同时摆平，不要聚集，也不要左右偏重，左右偏重就不能达到布臀的境界了。

我们练无极桩时是体，而五行桩是用，无极桩要求左右平衡，不要偏重一侧，将来要用五行桩的时候，特别是在九宫太极手与人对手的时候，两边臀部就不能平衡分布了，即站立时不许两个脚平衡分开，平分秋色地站立，那样的话，你非倒不可。为什么？因为在五行桩的用上，要虚实分清，不然你无法应敌。其中的道理，将来有机会再细说。

横山布臀一要散肌，二要放筋，三要悬膝。把肌肉散开，筋放松，膝部悬起来，臀部就放松了。

九松下三路：立杆下踝

踝关节是人的身体最下面的一个大关节，这是最基层的组织，除了脚掌以外，踝关节是最关键的位置。踝关节没有多少肌肉，它是靠肌肉中最劲健、最坚韧的组织——筋和韧带来维持的。放松这里称为立杆，就是要竖腿，即把腿立直；然后是契中，即腿部的骨骼放在一个中线上；再就是无支，即把身体支在重心点上，踝关节好像没有支点了。要契中才能无支，踝关节才能像没有支柱一样，这时你的踝关节才能放松。一般来说，踝关节放松了，相对来说你就已经找到重心了，踝关节放松不了，说明你还没找到重心。

所以，**找重心可以问踝关节**，如果你的踝关节放不松，说明你的重心还没找到，踝关节全部放松了，说明你离找到重心也不远了。要仔细体会契中、无支这两句话，人能像没有支撑一样，那么你踝关节就放松了。

九松下三路：铺爪散趾

铺爪，把脚铺开放平，如踩棉花一般，轻轻平放在地上；散趾，把脚趾散开，不要挤聚在一起。平常脚趾因为穿鞋的原因，一般都是挤压聚拢的，这时要求脚趾散开。

铺爪散趾也有三个要领，一要松掌，把脚掌脚趾都放松；二要铺底，把脚底板铺开；三要展足，把脚部伸展开来，这样你就可以进入铺爪散趾的境界了。

这就是下三修法。

形九松神三弛，难在改变习气

形九松的整体修炼，就是从上到下地分成九个部位，一步一步的，一层一层的慢慢放松，放松到下面以后，再转到上面，从上到下再来，就这样反复练。

练到最后，一到这儿，我就放松了，再回过来的时候，它已经不紧了，那说明你的形九松快过关了。一般来说，都是练到下面，上面紧张，练到上面，下面紧张，让你首尾不能相顾！所以，修道的敌人，就是你自己。

人就是这个样子，为什么？人的习气难改。现在练形九松，大家老觉得掌握不好，这跟学三皙哲理时，思维老转不过弯来是一个道理，一个是形体的习气，一个是思维的习气。你要把这个习气改换过来才行，不然的话，你就回不到本来去。

从形九松的修炼就可以看到，神三弛的修炼也是这样，你要回到本来去，你就要接受你自己习气的挑战。

所以，我经常讲，在这个世界里，做任何事都是你和别人做斗争，或者你和你的外部对象做斗争，唯独修道是自己和自己做斗争，你的敌人就是你自己。你的习气哪来的？是你自己习染来的，这一切都是你从有界习染来的，要想改变它，你就得跟你自己抗争。

而且自己是最顽固的，与人争斗，人家也可能跟你打一下就不打了，或者他不想跟你打了，让开了，而你的自己是永远都不会自动让开的，你别想着它自己会让开！

所以，自己跟自己打的战争是最激烈的。现在练形九松，你的习气就跟着来了，它不让你有喘息的机会，你稍微有一点执，它马上就回来。这就是形九松的难点。

三　三弛名实

<table>
<tr><td></td><td>元明性空（性空洞明），</td><td></td></tr>
<tr><td>三弛名实：</td><td>玄巧灵通（灵通生妙），</td><td></td></tr>
<tr><td></td><td>智变神融（神融无碍）。</td><td></td></tr>
<tr><td>静无道生：</td><td>形松归静（静极生动，气生场应）；
神弛返无（无极生有，灵生妙应）。</td><td>三才相照。</td></tr>
</table>

指语：九手归架，逆返任道；

一无归真，顺行入圣。

神三弛的名实，神本无位，落位则滞。但从修为实践来看，需要一个方便的理解。从我们的哲理观来看，神三弛的理见排法是：

元明性空在上，玄巧灵通在中，智变神融在下。

但在无极桩的修炼中，神又是指的上部，即脑顶；而中间部位是心窝；下面部位是性。

这里要注意，我们讲到神的位置，只是一个方便的指喻，而不是一个确定的实指，不能做固执的理解。

在无极桩的神三弛的修炼上，可以顺着身体自下向上，但在理见的意义上讲的时候，元明又是最大最重要的，所以应该先讲。

我们从元明性空、性空洞明讲起。

神三弛是无极桩神修的关键方式

我们所说的修炼，涉及形气神的内涵，即性与命或精神与物质两个方面，但关键在修神，也即性和精神的方面，形体和气只是我们修炼的桥梁。

人要探索生命的奥秘，如果仅仅从物质上去理解，那就差得太远太远了。因为物质是暂时的，是暂有的，随着时间的推移，时空的演易，还总是在不断地变化，你很难恒定地掌握物质的定相。所以，物质的存在，一方面是最现实、最具体的东西，但另一方面又是最不稳定、最易化灭的东西。

从人类来讲，每个人出生以后就基本定下来了，人活几十岁，也没有感觉到自己有什么大的改变，我，还是我。但是注意了，从现代医学角度来看，人体的细胞，可是在不断地生灭转换的，现代医学甚至提出一个细胞生灭规律，认为每隔七年，人身体的细胞就全部转换一次。

这样，人活几十年后，父母给你的肉体，早就转换完了，新颜早非昔旧了；那么你就应该不是你了，但为什么你觉得你还是你呢？

应该这么说，可能有个代表你的关键的那个"细胞"仍没有死，或者可能原来的细胞已经换完了，但现在的细胞带上了死去的细胞的原有信息。随着时间的推延，你的生物钟会慢慢由生长向上期转到平衡期，最后到衰落期，而且这三个时期也是随着时空不断变化而变化，应该说人的形体不可能有旧的。从修炼的角度上来说，不管你修炼不修炼，你的身体一定会按照自然规律，走向衰落，直至死亡。

形气神三大修证

历来的道者都已发现，人是形、气、神三位一体的存在，这三个中间，形是相对固定的，气是相对维持形的，而神是主宰整个生命的。应该说，神是我们生命的关键，要找生命的本来，或者生命的奥秘，就得从神上去找。

所以，历来的道修者无不在精神领域里下功夫。但是，要在精神领域里下功夫，如果你的形体不好，那就不行，因为形体是精神能量的依托，如果你的身体不好，那么你的精神能量就相对弱，考虑问题、分析问题就会脑力不足。

无极桩放弃了气这个桥梁

形和神的修炼是道门历来的必修之课，而修炼的文章一般着重在气上做。但是，可以这么说，无极桩神三弛的修炼，却是放弃了气这个桥梁。如果你还要接受气，或者还要利用气，或者还要注意气，你就不可能进入无极桩的修炼，或者进入这个一无无上证的修炼。

无极桩和无上证是一体的两个面，它是两个点，始终终始。如果你的修炼在气上，跟着气的发展走，那对不起了，你就得从形三修修到气三修，最后才能进入无极桩。应该这么说，**无极桩的修炼是直达无上证的**，也就是说，它跳过了气这个特别的层次，而进入一个特定的修炼方式。

当然，要进入这个境界是很难的，不是那么容易做到的。千古以来，闻经悟道的至今仍只有慧能一人。能在菩提树下坐上四十九天而悟道的，似乎也只有释迦牟尼一人，也是至今后无来者！

后面虽然也有很多人悟道，但他们都在不同程度上有执碍，能直达本来的人并不多。当然，我们也不排除这个可能性，万一谁真的是当年的释迦牟尼、当年的慧能呢？所以，对无上证和无极桩，是要对着来看的，进入无极桩到神三弛的修炼，实际上就是进入无上大证的大修证。

无极桩的三大修证

元明性空，讲的是性空洞明；

玄巧灵通，讲的是灵通生妙；

智变神融，讲的是神融无碍。

应该说，这三点都是在精神领域里面的修行人所要达到的比较高的层次。就像智变神融至神融无碍的境界，在三弛中间是排到最后的，但这个境界已经是我们说的无碍境界了，你能进入这个境界，不管从哪个方面来说，你的知和智慧已经透破了有碍，达到自在无碍了。

所以，神三弛的修炼，一进阶就是一个不小的功德，用佛家的话来说，是在罗汉以上了，进入这样的境界，不可能达不到神融无碍的境界。

守无至难

在修炼中，是不是每次站无极桩都要达到这个水平才收呢？那也不是，你要站上十年怎么办？你不可能站出来，每次只能是从形上去放松放松，虚等静待。

严格地说，神三弛跟形、气之修已没有关系，但是练的时候，还是得从形气入手，不然没有这个舟，没有这个车，没见前面路，你怎么往前走，你凭借什么进入呢？

人就怕不能凭借什么，大家听懂没有？人在修炼的时候，就怕无所凭借。所以，太极门的无为大智，很多人都把握不住，特别是"守无不守有"这个口诀，很多人不能理解，当然也把握不了。因为守无至难！

守有，我才有感觉，才有依靠，才能把握，才有进步的阶梯，我才能靠着这个，慢慢往前走。你现在让我守无，无是什么？什么都没有，我怎么守？

来一个有不要，来一个有不要，所有的有都不要，最后怎么办？这一切，都是很难的事。这是从一个桩口到另一个桩口时，发生的最关键的一个坎，相互不能连接。

所以，从一个阶到另外一个阶转换时，要求做到守无不守有，这个口诀当然是很难做到，这也就是道行难修的一个关碍。

如果每次入盘都能够很快地深入，不断地往里面深入，应该说，十年左右就可以把道行修完。就像读书一样，读一年升一级，读一年升一级，不用多久大家就可以毕业了。但为什么这个阶升不上去呢？没抓没挠的，你拿什么东西来抓？这名虽为道，真要走，却又无道可行！这就是道。

现在有些人的九宫架，似乎已经出了多少年了，架出了以后，你要说真的假的，也说不清楚，反正九宫太极架已经出过了，现在是站着不动，坐着不动，躺着也不动，随便你怎么弄，我自岿然不动，它就这么厉害。

就这个时候最麻烦，这条路怎么走，一着就有，一动就有，一想就有，一念就有，你说什么东西没有啊，怎么叫守无，这真是天大的笑话。

证了无，没有无

什么叫无，你到了无上证时，证了无以后，也才能知道无，但结果，却就是没有无。这是我说的那句话，你得了道了，再回来看还是没有道。道，是人的一个虚幻，但没有这个虚幻又不行，你总得给人一个名相。

所以，我今天讲三弛名实的时候，先给大家讲一讲，在三弛修炼中可能会出现的情况。

当你站无极桩的时候，可以这么说，九松是实打实的，因为在形体当中修炼，一个萝卜一个坑，我守到哪里哪里放松，守到哪里哪里舒服，或者哪里难受，总还有一个应的。

当第一度放松以后很舒服，第二度放松难受了，第三度放松又舒服了，每一次我都有感受，有道路可走，有迹象可凭，有征兆可依，一句话，我能够把握得稳稳当当的。唯独神三弛不好弄，无形无象的，拿什么来都不好说。

点当下心

其实，现在讲课，我也很难讲。拿什么来讲？要说当时的感觉，已经过去了，说给你听也没用，为什么？你将来不一定是这样。于是乎只好打边鼓，打个禅机，说点譬喻。

路边有个老太太在卖点心，她是个修佛居士。一个老禅师路过时，肚子饿了，就给老太太作了一个揖，说：老太太，我是参禅的行脚僧人，肚子饿了，你能施舍一点饼，让我点点心吗？老太太一听，回答说，你要点心，这好说，我问你一句话，你要是能答出来，这些点心任你吃；可是，你要是答不上来……

老禅师一听，心想问到我家里来了，做个手势请讲。老太太说，《金刚经》中说：

过去心不可得，未来心不可得，现在心不可得。

这三个心都找不到，和尚你现在要点心，我问你点的是哪个心？这个老禅师想了一下，没办法回答，只好饿着肚子走了。

你们帮他想想，过去心、现在心、未来心，都不可得，怎么办？一句话，看如何才能吃到这个点心，应该说，极其简单。你们知道吗？

生：当下。

生：点当下心。

师：对了，点当下心。大家都会了。

是啊，过去心已过去，未来心还未生，现在心即过，当然都不可得。但有一个心见在，你要问我点哪个心，这当下想饿了要吃点心的那个心便是。

对，你当下问我心，我当下答你心便是。

当下心，当下是，点心吃饱最如是。

生：因为我现在肚子饿了，才起了这个心，如果我肚子不饿，或者我饿了，但没有看到你这个点心摊，或者我饿过头了，不想吃了，我都没起这当下心。

师：对！这里，说当下心的时候，一定要加上一句，你当下说的心，就是你当下所问的，你问我点哪个心？就是你当下问的那个心。所以，修，也在当下！

神分三部：元明性空，性空洞明

元是首的意思，明是不昧的意思。性空，性本无空实，因见而有空实，世人性落实，故道人言性空。你们听懂我的话没有，因为世人总想找一个实在，我就告诉你，这个性是空的；世人认为心是虚幻的，我就告诉你，这个心是实在的。

禅宗讲实性，道门讲空性，空性和实性，都是一体二用。空性和实性这两个词，佛道两家争论了一千年。用三皆来看，说空说实，都是对俗而言。既然对俗而言，那都是方便法门，方便的譬喻，随机的指示，有什么好争吵的？

元明性空，要求在性的境界里面，进入空而洞明、明空的境界。初步的修炼，就是把形体放松，让气空明起来。要说练到神上，练到性上，性空洞明，那当然是最高境界。至于说性空洞明具体是什么境界，到时候你就明白了。

神分三部：玄巧灵通，灵通生妙

玄巧，又指玄窍，在我们的绛宫位置，所有的巧妙都从这里生，故人的情感比思维快。

那天我画了个乌龟给大家看，上面是头，主神；中间是心，主灵；下面是性，主性，这三个位置是一体的，都是人的精神，故神分三部。

西方人认为大脑才有思维，才是精神所在，不承认其他地方有精神。我在讲课时就告诉他们，大脑有感觉，有思维，但心是控制大脑思维的，心比大脑更灵敏。

我当即举个例子，当你过马路时，突然一辆汽车冲到你面前，你心里面肯定会先咯噔一下、吓一跳，然后，脑袋才会反应过来，是车来了。

他一听，对呀，心窝反应比大脑灵敏。人遇到事情，都是心里面先咯噔一下，然后大脑才开始有反应，大脑比心窝的感觉慢了一拍半，就是心窝已经感觉出来了，大脑才开始有感觉。

而下面部位的性，更是主导人本能反应的位置。一个人在经历生命危险的时候，比如走在荒山野岭里，突然一只老虎跳到面前，有人会吓得尿裤子，等尿出来以后，脑袋才告诉他，老虎来了。

可见性、心、神，一个比一个灵敏！为什么下面比上面灵敏呢？照理说，眼睛距离大脑近得多，为什么下面先反应呢？你注意了，所有的六根都系在性上，然后通过灵敏的心，最后通过脑子的思维，这三个位置都属神，都相当关键。

所以，我跟外国人说，如果心没有精神，那你的心脏就不会跳，如果性没有精神，那你生的孩子就只是个肉团。

所以，人的性灵实际上跟神是一体的，上中下三位一体，当你灵通生妙的时候，你就会觉得，哪怕有轻微的变化，自己的灵都能生出很多妙境来，这叫灵通生妙。

神分三部：智变神融，神融无碍

这个时候，你的念头跟你的智慧已经融为一体了，对你来说，任何问题，任何疑问，任何矛盾，在你面前，都是一点就知，立刻慧通。我们把这种境界叫作神融无碍。

三弛九松，刚好一顺一逆。我们平时讲逆修，这是指道的总体方向来讲，我们现在讲的顺返，是指阴阳之道，就是精神和物质二个相应的阴阳之道。

附录一　九宫太极手演示与练习

一　无极桩练习要领

插图1　一本无极桩

演示者：陈虎，下同。

大家站起来，双脚自然分开站立，双脚不要合得太紧，太紧身体就容易摇晃，太宽双腿会吃力，至于距离多少，根据自己的身体条件决定，感到站得舒适自然就好。

头要立起来，不要往下埋，脖子、身体竖正，两手自然下垂。先初步找一个重心，就是自己觉得站得最省力，脚最能放松的位置。好，现在开始练形九松。

依次放松，上三部，中三部，下三部。

二 三才桩练习要领

现在练习三才桩。三才桩的修炼跟练无极桩一样，只要你感觉舒服就行了，千万不要听别人的。下面我讲一下三才要领，即三体三才桩的动作要领。

起手：站立时，两腿并拢，双脚合拢，自然站立，注意不要像立正那样，把脚尖分开。

头、脖子要很自然地立起来，眼睛平视前方，肩膀放松、坠肋，腰直立起来，小腹既不要前挺，也不要缩腹，要忘掉呼吸，感到静极要生动的时候，才开始做三才桩，不要人为地去做。

开始时，提胯收腿，慢慢向侧面分出一只脚来，脚尖落地，身体随着脚尖的落地，慢慢自然移过来。两脚之间的宽度，根据自己的身高决定，宽窄要适度。太宽了，脚尖伸出来的时候，身体就会太斜，太窄了，做地才桩下蹲时就会很困难。

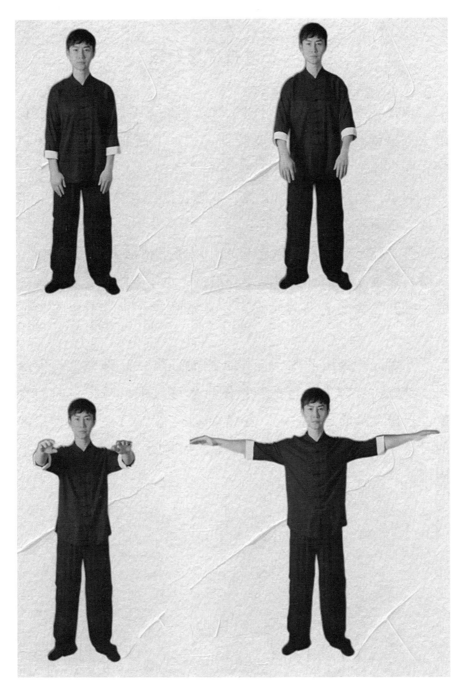

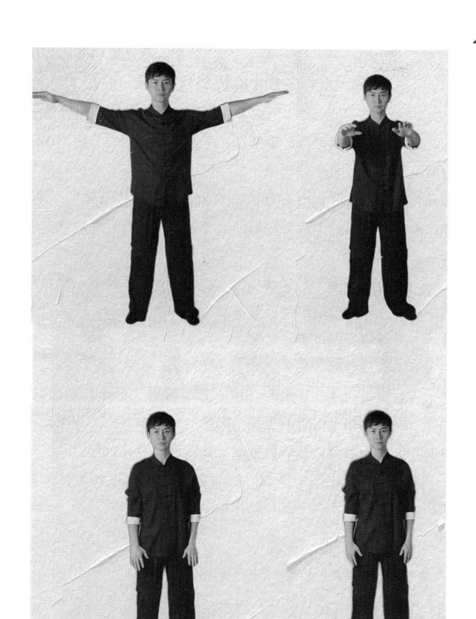

插图 2　三才桩之天才桩

三　天才桩练习注意

　　天才桩是阳掌上升。手掌是：手背为阳，手心为阴，手两边为半阴半阳。天才桩属阳，故阳掌上升。阳掌上升，如旭日初升。阳掌上升时，因为双手在前面，为了保持身体的平衡，身体要很自然地、微微地向后仰，身体的重心会自然后移，形成重心的平衡。

　　一定要重心为一，要着在一上。分手如列阵排云，慢慢把双手排开。升和分的时候，要注意动作的角度要圆，不要直角转过去，身体要保持垂直状态。

　　双手往后分时，后仰的身体慢慢回复原状，然后脚尖着地，脚后跟抬起来，往上升三次。升的时候，身体自然前倾，倾的角度要根据自己脚的力量，高度的力量来确定，如果倾的角度和高度不配合，身体就可能或往后仰，或往前倾。

　　最好当然是让气来掌握，刚开始时气少，可用形体来补救。整个动作要连贯一气，动作中间不要发生断裂。

插图3　三才桩之地才桩

四　地才桩练习注意

陈虎演示地才桩视频

地才桩是阴掌上升。双手，特别是手指要放松、自然。因为阴掌跟阳掌不一样，故阴掌上升时，身体要往后多仰一点，注意肚子不要挺出来，就是不要太塌腰。

双手往两边分时，身体慢慢恢复原状，分到一定时候，双手形成一个圆角下降。手下降时，身体跟着下降，如平沙落雁，像沙滩上的大雁落下来一样。

然后，翻云覆雨为捧沙掌，捧沙掌一定要觉得手中捧着一个东西。举手高过头顶时，气要升上去，这时身体可以前后仰俯，稍微配合一下。

翻云覆雨下降时，两个手掌要相对，要注意把气接起来，两只手的气合成一体下降，要觉得整个身体的气机，都随着手的下降而往下降，然后升三次，降三次。

地才桩练得好，你会觉得体内的气机跟着手走。地才桩是治高血压的最好形式，坚持半年，虚火随气和降，许多人的高血压都能降下来。

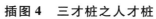

插图 4　三才桩之人才桩

陈虎演示人才桩视频

五　人才桩练习注意

人才桩是阴阳手，即半阴半阳的掌上升。起桩口如凤凰展翅，升到一定高度，双手圆融地合拢抱球。抱球时，两手合起来，阴阳相抱，整个身体的下盘要放松，要让重心掉到小腹里，不要提得太高，再慢慢让重心升上来。

要等到双手形成球以后，感到有球感了再转身，手上还没有球的时候不要急，球转你才转，球不转你不要转。

生：球不转就要等。

当然要等，但是学动作时不用等，要找到内应。

寒鸡桩

人才桩又名寒鸡桩。这个动作叫寒鸡桩，它十分重要，一定要站好，站不好，就进不了人才桩的修炼。因为虚步就像大树生根一样，如果你站得好，你一条实的腿就像树的根，另外一条虚的腿就相当于树的根须，虚的脚四面移动，表示我这棵大树四面都有根须，谁也拉不倒你，故练好寒鸡桩对将来的五行桩也是相当重要的。

这个虚步叫寒鸡桩，鸡冷了以后一缩，很形象，可它变化多端，所以又叫含机裆。

寒鸡桩的气机是人才开合，主要在两个侧面，也就是说，阳主要在背后，阴主要在前面，半阴半阳主要在两个侧面。回式时，要让它自己回来，不要人为地拉回来。

这是因为，太极的特点是当气机过去以后，必须复转，就是说，一定要让来和复自己变。所以，人才桩的复气一定要注意手过去以后，让它自己由势带回来。

三才桩的每一个桩口在起势以后，还原是相等的，所以都有还原式。

六　九宫太极手问答释疑

生：重心很难找，是不是在气上找？

师：找重心要靠自己从形体的感觉上去找，不是让你在气上找，找重心跟外气感觉没有关系。

生：下三路的悬膝，一站膝盖就紧张？

师：站的时候，把膝头悬起来，悬，就是让它空，自己的身体往前、往后移的时候，你就看着有一个位置，它就会让空的，你自己找。

这里面有个矛盾，又要站稳又要让空。

生：要站多久无极桩，才开始练三才桩？

师：要多久你自己感觉，当然，也不可能等到站好无极桩了，才开始练三才桩，不可能一次就站好无极桩，每次无极桩站多少时间，你自己掌握。

站无极桩是很难的，你不要想着一次就把无极桩练好。但是，你要花功夫，不花功夫，无极桩是练不出来的。

生：气分三界，神分几界？

师：气分三界，神也可以分三界，就看你怎么分。而且三界还可以分九界，九界还可以分八十一界，最后九九八十一归一，还是一界。这是个哲理，不是具体叫你分，西瓜能切多少片，是人切的，这是常理，也是哲理。

生：无极桩对气场的要求是不是很高？

师：对，就是说，十方无极裆的九动是假的，不要说涉及场，连气都还没有涉及很多。到九宫架才开始涉及气，气渐渐应场。而到了八周桩，场的要求就高了。到了中三修、气三修的时候，场的要求就特别高，那时候要专门讲场。我可以告诉你们，现在给大家讲的场理论，全都是说来玩的，那是让大家先有个准备。

真到那个时候，我会告诉你什么是气场。因为气场在有界，所以，气场有很多定律、规律。注意了，虽然气在有无界，但是我们说的气场，在三界中间算是有界。有无界和有界，是一个相对的概念。

看到没有，这是无界，中间是有无界，那边是有界，三界放在哪个位置都对，都可以说理。我把这个位置放下去了，你给我说这个地方属于哪一界？

哲理和实指是两个概念。实际指的东西，苹果是苹果，香蕉是香蕉，那没话说。但从哲理来说，香蕉和苹果有什么共通性，就涉及多了，那是另外一个概念。气场也是这样，气场的理论，将来要重新讲。

我们现在练九宫太极手，说穿了，你能够发出去点气，把人家震出去，你就算好手，但是，震出去容易，拉进来难。如果震出去、拉进来都听我指挥，你所有的动，都在我这个范围里面，那就不一样了。所以，太极高手两个手指一扣住你，你根本没地方跑，你走掉了，那怎么叫太极。

生：气影响重心吗？

师：对，气是有偏顺的，是会影响重心的。所以，无极桩练到一定的时候，你的病差不多好了，气也和了，才能进入无极桩境界。无极桩是不许气干扰的，因为气一来，人就失去重心了。

生：是不是无极桩没气，三才桩动作才感觉有气？

师：对呀，三才桩是有气，三才桩有气，五行桩才能用气，无极桩如果有气了，那三才桩气就不足了。

生：三才桩的姿势是不是越准确越好？练地才桩蹲不下去怎么办？

师：这是相因互果的，就是说，你姿势不正确，就是白费你的力量，而且气脉不好。如果你慢慢姿势正确了，气也会慢慢好起来，两个方面不断纠正，动作越好气越好，气越好动作越好，跟找重心一样。

现在你找重心是这样，将来找重心就不是这样，你现在做的动作，以为很标准了，但过段时间又会觉得不标准了，自己都有感觉，它是相因互果的，互相递进，你进一步，我进一步，架式好了内气好，内气好了架式也好了。

至于练地才桩蹲不下去，是因为你的韧带不够，这就靠你自己拉，因为每个人天生不一样，有的人天生韧带较长，有些人较短，有些人不练，蹲下去时脚后跟也不会起来，有些人练，脚后跟也放不下去，每个人不一样，要求尽量把脚放平。

生：练无极桩要注意什么？

师：练无极桩要注意的，就是在练三弛九松的时候，形，容易入，而神入，就比较难。但入又要从形开始，故要尽量争取把形入了，然后再来练神，不要两个同时练。开始的时候，不要去管神，等到把形练好了，再来开始练神，这是我的经验。

如果你要想形神一起发展，这很困难，不如先从形入，形入以后会有气，有气你不用管它。该过就让它过，过到一定的时候，气静下来了，再来练神就容易了，重心也容易找了，可以很方便地进去了，不然很难进。

一旦进入无极桩，三才桩的功力就上来了，那时再做三才桩，感觉就不一样。假如，你没有进无极桩，那就很困难。现在我们做三才桩是从形上做，说穿了，还是意念指挥，要等到气指挥，然后是势指挥，最后是它自己动，那就好了。

三才桩动作极简单，练上一二年就熟了，熟了以后不用意念想了，它自己可以做完了，你就到了自然无为境态，气架自在行的境态。三才桩是体，所以应该有气，气越圆融越好，将来五行桩才够用，不然五行桩拿什么来用呢？

附录二　太极拳之先源考纪

——九宫太极手之发架与体用印证

陆锦川（仿佛先生）

一　太极拳内容提要

太极拳虽名震武林，誉称中外，但有关太极拳之诸多存疑，却是至今无人解得。究其原因，当自与史料无可考有关。

本文依据太极门之秘承理法，考论印证了太极拳与九宫架之历史渊源及诸传变关系，公开了太极门法本中有关张三丰变传太极拳之仅有之历史记载。

当然，光是记载显然是不够的。故本文在揭示九宫太极架之内外成因及演变过程中，并就九宫架之体用，论述了八卦神力手及九宫太极手，与太极祖架，以及后世太极拳之高下区别，进而将九宫架与太极拳之亲缘系迹，内外异同，列表具陈，以详为剖析。

由是，因而又解答了"十载太极不出师"之难成潜因，以及太极拳何以独异于武林拳种，太极拳何以内气即武，以柔克刚，何以独高于武林技击常法，乃至太极拳一旦功入上乘，内气动生，应架化架，气动架随之后，其欲进益内修，及至何以返道等问题，均可于本文中找到答案，找到理法指导。

鉴于太极拳基道以出武，应气成体用，欲完修即，于内外气法之炼，即内何以应气，外何以即武之修炼，均所稽述。由于道门内秘拳界所传甚少，兹于文中原则指述，但有相当功力之学者，自不难从中摸索路径，循序进益，克臻上乘。

武林拳谚有谓：

三年少林走天下，十载太极不出师！

何太极之难学也！是必有故，何以故？曰乏内修之诀耳！

以故历代太极拳门之正传祖师，每有嗟谓：

太极有内修之诀，惜已失传！

太极拳由外返内，即由武入道，其法不轻传人，至今数百年不见传世，想已失传也！

太极拳武功只属下乘，尚有上乘道功，你等弟子当好自觉之，一旦际遇，幸勿错过。

太极拳是道，不是拳，惟得道法，拳法方能直臻上乘！今但习拳法，若非资质颖慧而悟证于道者，殆断难有成！

至哉是言！

原夫太极拳之炼，得道而习拳，则事半而功倍；得拳不知道，则事倍而功半，臻之于此者，方信是言之不谬！

呜呼！太极拳虽诀焉不全，然基道出武，自非一般武功拳路之可比匹！尝稽中华拳种，无论其东华西朴，北劲南巧，长短大小，轻重缓急，其招式，率多刚劲迅猛，石破天惊！

纵观古今，窃惟此"太极"而称"拳"者，却是蹊径独辟，鹤立鸡群，不同凡响！

今试观其行架之时，招而非招，势而无势，轻柔匀缓，沉绵幽透，盖独体乎坤道阴柔之德，询非"力拔山兮气盖世"之功武者之可想见！此而言武，武之道者乎？为是，昔之武林先辈，每有如是之疑询质叹：

太极拳必非我武林技击拳种，其先源，当是道门养修之导引古法，或由此类法门化裁而别出者！

见固至矣，是耶？非耶？惜此疑窦至今未白！

而太极拳先源之索，稽考无着，遂尔弛说多端，或导引，或象形，至今莫衷一是，难能约归。此而不知，惶言奥究与发皇欤！

二 考论缘起

仿佛生而有幸，得降道门"五秘之首""三禁之先"之"太极门道行"之承法门第。先父陆明，道号玄一，受业于"道家太极门"正脉传人紫真道人陈而清。

佛幼承庭训，少及养修，得窥理法内秘，谨行体用大旨，已而方知今世盛传之所谓"太极拳"者，其先源，实亦即"太极门""九阶"初修之"九宫太极手"之自发架次，今后世之所谓"太极祖架",实即"九宫架"之"九九架"之大式欤!

然而世所传之各派太极拳,自已远非"九宫祖架"当年之旧。殆拳入武坛,技必尚武,日逐于角,积重难返矣!故太极拳而欲归太极门者,不悟无为自然之理行,殆难矣!

三　三丰变传

自太极拳之传世,世人皆不知其源由,惟以其名实不埒武林拳风而萌相疑,更不识此拳名讳"太极"之深意。(合参上文《太极名实及其修为阐真》一文,见《首届太极修炼大会学术文集7》)惟知此太极拳为宋元之际张三丰所创,转传至清,由陈家沟辗转传承杨露禅而传世。

然此太极拳果张三丰所创否?曰:是,又不是。此中底蕴,世所难知,盖道门武林,无片语之载示耳。

仿佛昔诵"太极门"传法法本,不意法本中于此事有记,法本固不能公之诸公,片言当不惜白于学界。至于是非真伪,且请合参本文考议,自可了然。

其记语有谓:

(张)三丰祖师(以)九宫架仿(炼)之(可)反导内觉,(乃)以太极拳化人,(并)启一代武行。(注:括弧中字乃笔者所加。)

此语显为三丰后传弟子所志,代代相承,遂录于法本之中。而三丰当年,当为太极门传人,故言太极拳为三丰所创,则妄矣；而言太极拳为张三丰之传，则是矣！

昔张三丰变"九宫架"为"太极拳"传人习学，吾师玄一尝闻而清祖师言及：

三丰祖师变法传人，为"九宫"之内修难会，"太极"之外炼易行故也。

伺其间若有慧根道器，参透有作而返内证，即可自然入道，此或祖师变传真意也。此后若逢此等人杰，汝当引其入门而点化之。

祖师度人之心，可谓良苦。

然人生有界，易着于有而难悟于无，故数百年间，习太极拳者，多不胜数，而透破有碍，自武入道者，又有几人？呜呼！

四　九宫祖架

原"太极门道行"之修，法则易理象数，本体象而用数。

其数理道行：

道以九数：一、二、三、四、五、六、七、八、九；

行以十始：十、九、八、七、六、五、四、三、二、一、零。

何以道序九数以顺，行以十数以逆？为道尚逆修，故"十开九始"，"一终零了"，是中颇蕴玄机。

其修行"开基手"名"十方无极裆"，为无为入盘（发动）致动之准备。待动而气和归静，方可习"太极门""九秘""九阶"修为之第一境阶——"九宫太极架"。

"九宫太极架"之发架，纯乎自然而然之出。盖由"十方无极裆"发架致动，复由动而生阳，阳盛而生气，气盛而行脉，气脉通和乃引动外架，转而发为"太极"外架之"九宫太极架"。惟其气脉通和，故外架纯和，如风行帆，轻柔匀缓，龙腾天外。

"九宫太极架"本道修之基，旨在气导形神，而臻内境之证。惟以其为"太极门道行"之自然发架，故乃又名曰"九宫太极架"（简称"九宫架"）。

"九宫"成架，本与武技无涉，本不当有手，甚而武门"拳术"之称。惟因其成架后，居然内以外应，气应力合，柔以刚必；缓而疾应，架推招出，化变成太极功行之武道"九宫太极手"（简称"太极手"）。更且阴阳化变，应制妙致，接敌逢强，柔能克刚，其用武处，甚非一般武技之可比拟。

又缘道门演武，古有传统，道人游戏，讵无武备？故乃因体为用，变生技击之法。世代相益，遂成尘技功行，是乃又成"九宫太极手"诸外架，是乃有太极祖架等称名。

是法之传，降至三丰祖师，更变法而以拳架成式传世，其"太极拳"之名，后世亦遂因之而名于世焉！

不意三丰之后，此术大行，名震武林，誉称中外，然人皆不知何以此"拳"独悖武林之传，何以此"拳"独赋道门之称者，盖皆不知有"太极门"之秘法在焉！

呜呼！道而出武，武乃成道，是为武道。若徒于武中求武，道可得乎？此道之所以为其道者，此也！不尔，以"太极"而称"拳"，以大道而言武技，以无为而名有作，相悖若是，无此缘由，又何乃相与欤？

五　九架体用

原"太极"道修之行，在"九秘修悟"与"一无大证"。"九秘"初阶"九宫架"之修，为形、气、神各三之形三修之第一修。此阶内体外用，体用形气，各致其妙。

夫内体之道，盖道门入道升阶之修也。原人之生身，形神成其对待，气则介乎于其中，变运内外，契肇阴阳。是以大道之修，要在"三化""三还"，以祈化还后天阴阳，而返证先天本来耳。

以故道门大修之诀，乃有谓：

炼形化精，炼精化气，炼气化神；

修神还虚，修虚还无，修无还极。

惟以其"三化"之炼，关要在"气"，盖非"气"不足以达形神也。而其"三还"之修，更要在"神"，以非"神"不足以证无极也。明于此理，离道近矣！

今始步"九阶"之炼，本形炼之初，故其旨要在"炼形化精"，而"从形入气"，但挈"气"化，自可因气入化，而臻正修。以是义故，其道门真诀所以有：

昔日遇师真口诀，只教凝神入气穴！

此诀意浅义深，千古不移。是虽各门"入"修之法不同，然"入"之道则一而已！

是故内体之炼，但得全"气"归中，则自然天机造化，玄妙变生，悟境觉受，自得道行进益，此殆"九宫太极手"之阶，内体之大旨也。

其外用之法，殆道门强身御敌之变法也。**夫角斗之道，法分三乘，上乘用心神，中乘用气脉，下乘以力疾，自亦不外神、气、形三者之用耳。**

尝究武林拳招，多以形用为先，制敌在力，出招贵疾，此刚劲迅猛之拳路，所以比比皆是者，惟以此形用易致故也。

夫"九宫太极拳"之为技也，体则立身于中乘气脉之修，用则肇端于上乘心神之悟，盖以道出武，实非武林成术诸技所能望其项背者。

昔紫真祖师有教谓：

吾早岁广习武技，后更精究太极，自谓大得以柔克刚，四两千斤之法。后逢上师（宏真）之女演练"九宫"，见其似太极，非太极，奇之，乃求与之角，彼不答。好奇而手摸之，讵知一摸被粘，方思脱手，谁知举手之间，便感失措，觉其棉絮飘飘，巨石沉沉，起复如磁，旋转如珠，进击不识所向，受击不知所以，真所谓求胜不能，求败不可。

呜呼！吾二十余载苦功，竟被十五六之少女玩于股掌之中，至此方知武之为武，当进究于道，是所谓"取法乎上，得妙于中"者。

故"太极拳"之有得，乃出于"九宫架"，而"九宫架"之胜武，更出乎"太极门"之道行也。

由是乃知，"十载太极不出师"者，以"太极拳"之炼，系由外架而引动内气，自不若"九宫架"之由内气而引发外架之修也。故紫真祖师二十余年之苦功，反不如少女数年之修即者，良有以也。

稽"九宫太极拳"之为武也，体道其本，用武其变，原其刚柔，本出一气，盖"十方无极裆"之自然肇基也。

稽"太极门""十阶"之修，于"十方无极"之"开基"后，气运动出，法分阴阳，乃自发有归刚柔二道。其刚道之发，名"八卦神力手"，而柔道之出，名"九宫太极架"。刚道体阳而用阴，柔道体阴而用阳，故刚中存柔，柔中含刚，随心机转，妙用圆方，武事之妙，由此进之而为道也。

"八卦神力手"，又名"八卦神力掌"，因其发功行架时，由刚气催涌，身随势动，架随气行，掌手翻飞，腾跃轻捷，靠撞碰击，愈硬愈适。但有外力硬物击抨，刚气即应之而至，久久气机大盛，遂发为神力抵御。

功成之后，发为神功，气应其动，力乘其势，有击便应，应变自如，遂为技击之刚性上乘功夫。以故江湖乃盛誉之曰"神拳""神功"。又因其肢体能受重击，甚而刀枪不入，故乃又名"神罩功""金刚功"等。

然夫刚之所制，柔也。故"八卦神力手"之克星，正是"九宫太极拳"。又缘刚为阳放之气，纵之而一旦畅发，化柔回头不易，故刚难兼柔，柔易出刚，以是义故，"九宫"之神用，终非"八卦"之能所及也。

"八卦神力手"之步旋掌飞，颇似后世之"八卦掌"，然却一无后世"八卦掌"之人定生硬招式，其情其形，甚似

"九宫太极架"之与"太极拳"，此中机微，耐人寻味，良亦发人深省！

"八卦神力手"之武用，于"太极门"属技击下乘之技。因刚气阳用主外，难能入道，故学者多因不得大道究竟而恳请传法师为其点导而化为"柔道"，已而由动归静，修习上乘。

尝稽神拳之法，发功致动，刚气应击，道家"符箓门""玄真门"等道门均有传承。清末义和神拳，殆即"符箓"之变法。缘发功人皆可为也，故此道问世之后，自非"太极门"之所独有。

以是义故，凡修为者，自"十方无极裆"发功而致动发架，甚而至"八卦神力手"之神用，但凡未修入"九宫太极架"之"九宫真境"觉受者，便不算"入法门"，自亦不得名属"道家太极门道行"之正脉修为。

"九宫太极祖拳"，本"太极门""九宫太极手"之发架演变，夫道本虚无，本无所欲，然法落有界，遂生有用，故发架入境，虽气脉应架，形入太极，亦未为武用而成拳，殆气应力合，欲其武用，尘技乃应之而生。

按"九宫架"本"形三修"之第一阶，惟以其为形修初即，气生刚柔，故最易外应武用。若进而以意引而应之，则自必气张力合，发架为拳，遂乃妙应武技。此盖"九宫太极架"之道修外架，所以变法成武之内在基因。

"九宫太极手"成武用之拳技后，其架式自亦渐由无为之式而渐化变为无为有为之招。其内在气应，亦自相应转体为用，由自然内归，一变而为内含外应，应体发机。

此变显为"九宫太极架"至"九宫太极手"之体用演化，然与后世太极拳相比，仍有内而外，外而内之诸多迥别！

"九宫太极手"之外化，旧传亦有九方发功炼运桩口，其位按九宫八卦之序列排比，八方一中。九桩之运各有名讳，各按九宫八卦之象义为式，且意象应机，自得天然，妙应人行。

如"离中虚"而"撑天立地"即"柱天式"；"坎中满"则"横乾亘坤"即"卧地式"等。其"中宫桩"主"十方无极"，故名"无极式"，即"无极裆"，为初修，初发之拳口。每桩各有九式标准大架，合之即得九九之数，是所谓"九九老架""八十一式"。

九，数之大者，为多之喻，九九喻多，实是非止"八十一"之数。相传此即后世"太极拳"之"祖架"，三丰祖师即应是而择架传拳，以成其今日之太极拳者。

然"九桩老架""八十一式"，或止或行，或坐或卧，显与今传太极拳仅有立式为招者不埒。

修习者先自"无极裆"入桩，入功自然发架。每桩次第修习，所发架式，亦自不同。然正传之"八十一式"，除承法者外，断不可少窥内秘。

盖云"八十一式"亦为历代祖师发架同归之式，为"内脉通，外架和"之至象，断非徒事外练术架所能臻者！

太极学者但能自臻其境，便自暗合，即为合道归架。以故本门业师只需观汝发架之式，便可测知此徒之攻病，通脉，气和，乃至功力进退高下诸情境，为是义故，古来乃有"太极无假行"之说。

缘因真架无从预知，故学者惟有无为以证，断难有为以学，若未自发而修合至"内和外合"之境，便不为出师，自亦断难进承上秘大法。

奥稽"九宫太极手"之应武，因其内外之修用迥异，自亦与今传之太极拳法之"推手""散打"等角技，险乎有本质之别，盖传承殊途故耳。

佛昔幼习"九宫"，长而进究"太极"（此处指太极拳），尝留意研析对比，悟其内外显差之处有七，试析述如是：

一曰无为与有为之别

"九宫"之修尚无为自然，故体用皆本无为。纵或发机应招，亦属无为之有为，与"太极"（拳）之修为体用，皆属有为之为，自有本质之不同。

二曰自然与使然之别

"九宫"尚自然之修，应武亦尚自然应机，静以出动，静以制动。"太极"（拳）尚使然之炼，应武亦尚使然应机，静动皆守使然攻防之技击法度。

三曰神应与意应之别

"九宫"之修尚内而外，故守神尚静，"太极"（拳）之炼尚外而内，故用意尚动。应武之际，一则机发而神守应之，一则机发而意用应之。

四曰内气与外气之别

"九宫"之修尚内修，故内气先动以应，"太极"（拳）

之炼尚外炼，故外气先动以应。若炼合不当，外气尚难动，况于内气乎？故应武之时，一则内气自然以应，一则纵或气应，亦为外气。

五曰气应与力应之别

"九宫"之修，本由内气引动外架，"太极"（拳）之炼，则必由外架引动内气。夫外架之习，必先假力，盖非力即不足以为动架也。修炼如是，其用可知，故应武之际，一则气应，一则力应，些微之间，自然殊途。

六曰无势与有势之别

"九宫"之修，由内气带动外架，气行架行，故其动架有气而无势。"太极"（拳）之炼，系外架带动内气，力行架行，故其动架必有力有势。故应武之际，一则有气无势，一则有力有势，且应招为式，势所难免，以势御敌，必因势失。势有其利，自必有害，可不慎欤！

七曰无招与有招之别

"九宫"为无为之修，"太极"（拳）为有作之炼，无为无招，有为有招。无招之招，招无定招，自应机而发，法无定法也。有招之招，招有定招，意应机而发，法有定法也。有法有招，有其长必有其短；无法无招，无其长亦无其短。人机使然之巧，天机自然之妙，即此可见也。

上列七别，道分内外，高下本变，正偏优劣，殆可不言而喻也！

由是观之，"太极"（拳）之妙，故胜武林，然法出"九宫"，自不如"九宫"之玄多矣！武林明达，以为然否？

六　架拳印证

今传太极拳之先源，缘因无史可考，遂致后世稽者弛说多端，惶惶无依，恍惚如无源之水，无本之木，至后难能认祖归宗，亦凄矣。

仿佛以为，太极理行，既不埒武林，则其先必非武林可知。然则三教百家，何门而其宜欤？曰：道门惟宜，盖道门有"道家太极门"在焉！惟因"太极门"不为世知，而太极拳则名闻中外，此所以有忽失其源之隘欤！

然此自与"太极门"为"五门秘法"之首，"三禁上秘"之先，为道门无为正传之大道性道行之秘承有关。即今遍观方外方内，若非"五秘"正脉传人，即或偶知该门之名，亦断难少知其实，况武林之士乎！

今将"九宫太极拳"与现行太极拳之亲缘系迹，列陈如次（见表1），略作探询印可，供儒而武者一粲。

表1　太极门九宫太极架与世传太极拳异同

源别	九宫架	太极拳
本变	太极之本	太极之变
同名	九宫太极拳	各派太极拳
同传	法本有张三丰传记	书著有张三丰传闻
名实	名无为实无为	名无为实有为
主旨	无为而自然	自然以无为
机理	天机自然	人机自发

续表

源别	九宫架	太极拳
功理	无为自然成	有为使然成
形式	自发成架	成架自行
起式	无极裆	无极式
体验	守内气致外架	行外架体内气
要领	自然候内气发功	使然使外架纯熟
理致	内气带动外架	外架带动内气
得架	自然自得自成	使然人为要求
架态	自然松静 匀缓柔轻	自然松静 匀缓柔轻
同性	阴阳相引 左右对称 前后顾盼 上下照应 有抱球状	阴阳相引 左右对称 前后顾盼 上下照应 有抱球状
异性	有立坐卧行诸式	有立与行诸变式
异状	外架简直而更古朴	外架艺术而有武风
同状	气引架自缓	体气架宜缓
内景	顶头悬 尻托杆 掌抱珠 脚踩棉	顶头悬 尻托杆 掌抱珠 脚踩棉
用武	以柔制刚 内气外发	以柔制刚 内气外发
修至	神气一如	意气一体
内涵	外武内道	外武内养
进修	气和内行 气机质变 入八周修	炼至气架 神恬形和 无内修诀

　　基于表1，两者内涵之叙列印证，可见今传太极拳与"九宫太极手"之内外，虽有异同对反，却如出一脉，何其相似乃尔！

　　究其所以异者，惟因三丰祖师徒传外架模式及其行架要领，变无为之修，为有为之炼；变内以引外，为外以引内之故。然两者之本，形分脐连，藕断丝牵，似难别立。

　　太极拳与"九宫架"分途后，虽有为易学，而名震武林，然前失源本，后无前程，若不归宗，更复何望？

值此"第二届世界太极修炼大会"之召开，兹不揣愚隘，陈义如上，太极同好，其共鉴之。

一九九五年七月二十一日于京华

（本文原刊于《第二届世界太极修炼大会论文集》）

图书在版编目（CIP）数据

九宫太极手 / 陆锦川著；霍用灵，殷晨峰，徐建华
整理. -- 北京：社会科学文献出版社，2022.2（2023.11 重印）
（太极武道文化丛书）
ISBN 978 - 7 - 5201 - 9701 - 4

Ⅰ. ①九… Ⅱ. ①陆… ②霍… ③殷… ④徐… Ⅲ.
①太极拳 - 基本知识 Ⅳ. ①G852.11

中国版本图书馆 CIP 数据核字（2022）第 014352 号

太极武道文化丛书
九宫太极手

著　　者／陆锦川
整　　理／霍用灵　殷晨峰　徐建华

出 版 人／冀祥德
组稿编辑／宋月华
责任编辑／胡百涛　孙以年
责任印制／王京美

出　　版／社会科学文献出版社·人文分社（010）59367215
　　　　　　地址：北京市北三环中路甲 29 号院华龙大厦　邮编：100029
　　　　　　网址：www.ssap.com.cn
发　　行／社会科学文献出版社（010）59367028
印　　装／三河市东方印刷有限公司

规　　格／开　本：787mm×1092mm　1/16
　　　　　　印　张：13　字　数：134 千字
版　　次／2022 年 2 月第 1 版　2023 年 11 月第 2 次印刷
书　　号／ISBN 978 - 7 - 5201 - 9701 - 4
定　　价／81.00 元

读者服务电话：4008918866